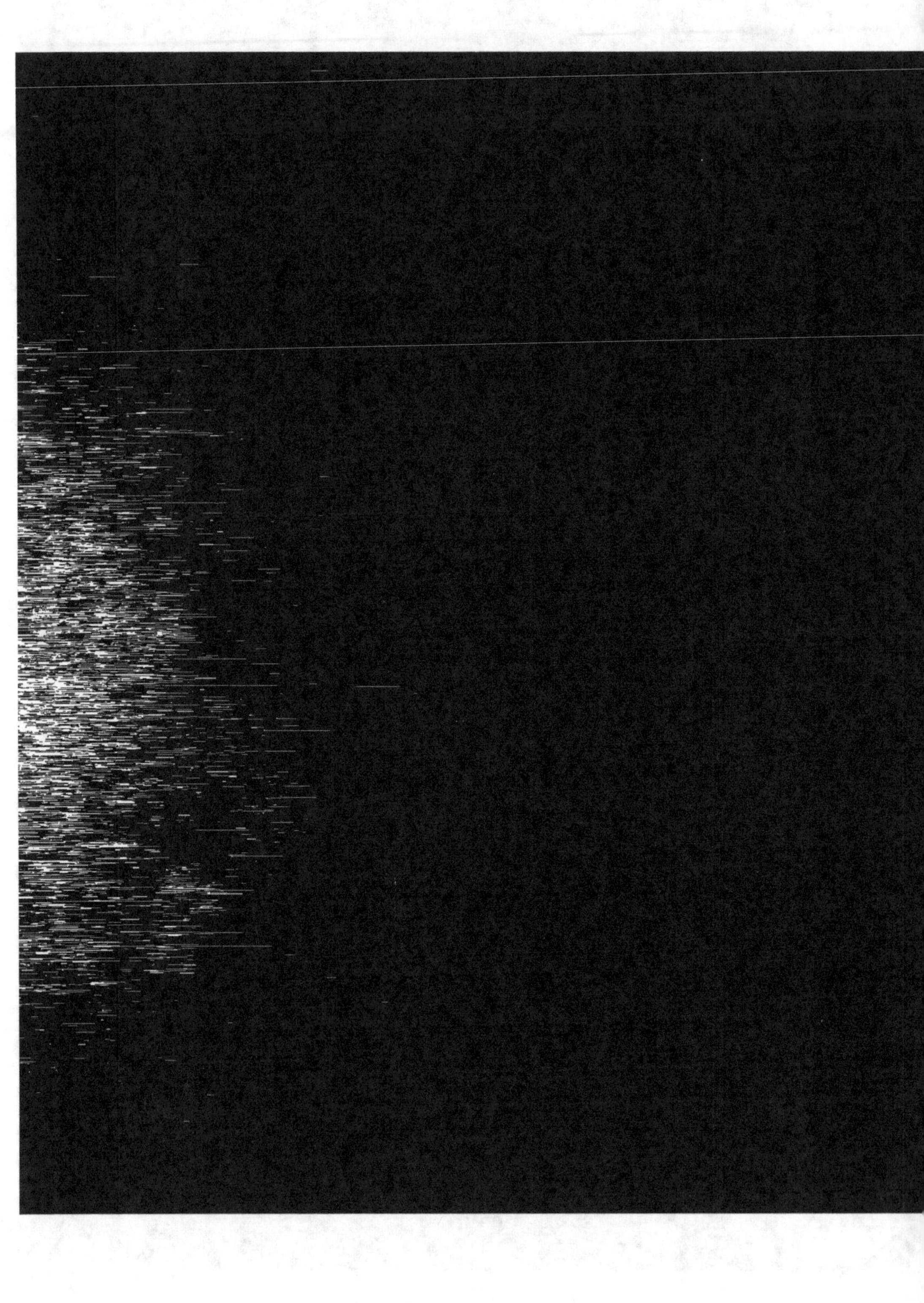

LES
BALLONS ET LES PIGEONS

ONT ÉTÉ

FUNESTES

POUR LA FRANCE !

DÉTAILS INCONNUS

DU

SIÈGE DE PARIS

COMMUNIQUÉS

A TITRE D'HOMMAGE RESPECTUEUX

A MESSIEURS LES MEMBRES DU SÉNAT ET DE LA CHAMBRE DES DÉPUTÉS

par le Docteur VAN HECKE

De nationalité Belge, établi en France depuis 1851, *sous la garantie du droit des neutres*, et réclamant une juste indemnité des dommages qu'il a subis pendant la Guerre 1870-1871.

AVANT-PROPOS

Aucun des détails qui vont suivre n'est étranger aux questions dont il s'agit, et, pour en faire connaître les motifs, tous deviennent indispensables. Ils allaient être portés à l'imprimerie *en 1872*, lorsque, par suite d'une lettre émanée de la Présidence de la République, je me suis trouvé en rapport avec M. le Ministre des affaires étrangères, lequel — pour des raisons que je reproduis *in-extenso* comme **incident final** — m'a fait prendre l'engagement de garder **pendant dix ans** le plus absolu silence. Aujourd'hui, ces dix ans écoulés, j'ai l'honneur de communiquer, comme il vient d'être dit, **ces détails inconnus du siège de Paris**, espérant que les Chambres daigneront accueillir avec bienveillance mon humble requête.

Nota. — Tous les faits — qui ont été annotés jour par jour, dès le commencement du siège — sont relatés chronologiquement, avec les *documents officiels* à l'appui.

PREMIER ÉPISODE

Le 18 *septembre* 1870, premier jour du siège, la consternation était générale à Paris, l'entrée comme la sortie de la ville, étant devenues impossibles, et les fils télégraphiques, autour de la capitale, ayant été coupés par les assiégeants.

Le même jour, je me suis rendu au Comité d'initiative de la Défense, 22, rue Clausel. Introduit auprès de M. Saint-Vital, j'explique en ces termes le but de ma visite :

— L'investissement de Paris ayant forcé le Gouvernement à se diviser en deux fractions, dont l'une doit avoir son siège en dehors et loin de Paris, j'ai pensé qu'il serait de la plus haute importance pour la France que les deux parties du Gouvernement pussent avoir entre elles des **communications assurées.** C'est le moyen d'assurer ces communications que j'ai l'honneur d'offrir au Comité. Ce moyen consiste à avoir une série de ballons avec nacelles mécaniques, dont l'efficacité a été constatée par l'Académie des sciences, et à l'aide desquels équipages on pourra faire parvenir, *avec sûreté*, les dépêches non seulement de Paris au dehors, mais *celles du dehors à Paris*, attendu que ce système permet, non de lutter contre les vents, ce qui ne peut aboutir à rien de sérieux, mais de maintenir l'équipage aérien au milieu des couches d'air favorables à la direction qu'il importe de suivre, ou bien d'obliquer dans une certaine limite, le tout *sans perte de gaz ni de lest.*

J'exhibai, au même instant, un exemplaire officiel du rapport de l'Institut, que M. Saint-Vital lut avec la plus grande attention d'un bout à l'autre. Cela fait, je repris :

— Rien n'est plus facile que de partir de Paris en ballon, tout le monde pourra faire cela ; mais ce dont je suis certain, c'est que personne — à moins d'employer le système dont je viens de parler — ne reviendra en ballon à Paris (1).

Je priai M. Saint-Vital de vouloir bien excuser ce que cette affirmation de ma part avait de personnel, en raison de la gravité de la situation et du motif qui m'avait déterminé à faire cette démarche dès la première heure du siège, animé du plus grand désir d'être utile à la France.

---

(1) Cette prédiction s'est confirmée : aucun aéronaute, parti de Paris, n'est revenu en ballon à Paris.

— Je vous sais gré d'en agir ainsi. Veuillez donc continuer, je vous prie.

— Dans mon voyage *en retour sur Paris* complètement investi, quatre hypothèses sont à prévoir :

Première hypothèse :

Ou bien le vent amènera l'équipage directement sur Paris, et l'état de l'atmosphère sera tel qu'une descente dans la zone comprise entre l'enceinte des fortifications et la ligne des forts s'opérera sans difficulté, et, dans ce cas, les dépêches seront remises au gouvernement de Paris.

Deuxième hypothèse :

Ou bien le vent amènera encore l'équipage sur Paris, comme dans la première hypothèse ; mais l'état de l'atmosphère empêchera la descente. Dans ce cas, un parachute, contenant les dépêches, fait l'office de messager que l'aéronaute n'a pu remplir ; celui-ci, poursuivant alors son voyage jusqu'au delà des lignes d'investissement, se tient de nouveau en partance et à la disposition du Gouvernement du dehors.

Troisième hypothèse :

Ou bien la direction du vent ne reste pas constant, et, dans ce cas, les moteurs horizontaux, faisant obliquer l'équipage, maintiennent la marche sur Paris, et les dépêches sont remises comme dans la première ou la deuxième hypothèse.

Quatrième hypothèse :

Ou bien, non seulement la direction du vent ne reste pas constante, mais la déviation est telle que les effets produits par les moteurs horizontaux sont restés insuffisants pour faire arriver l'équipage dans l'enceinte des forts. Dans ce cas, usant d'une *ressource supplémentaire*, dont l'idée m'est venue aujourd'hui même, et que je m'empresse de vous communiquer, j'atteindrai mon but quand même ; car j'aurai eu soin de toujours me munir et de prendre, dans un des colombiers de Paris, des *pigeons voyageurs* auxquels j'attacherai les dépêches. Ces oiseaux — qui seront lâchés en petit nombre (un, deux ou trois au plus), suivant les circonstances et le plus près possible de la ville assiégée — ne se trouvant, par conséquent, qu'à une minime distance de leur colombier, y rentreront en peu de temps, et les dépêches *arriveront infailliblement* à destination. Et pour donner au Gouvernement de Paris le moyen de contrôler si tous les pigeons lâchés et portant des dépêches, sont arrivés à bon port — **ce qui est une question capitale** — un signe convenu d'avance pourra le rassurer et le convaincre que *lui seul* connaît le contenu de la dépêche reçue. Voilà pourquoi, Monsieur, je me porte fort de réussir, et que j'ai pu, comme je le fais en ce moment, vous promettre *des communications assurées entre les deux parties du Gouvernement*. Mais ce but, je ne pourrai l'atteindre qu'à l'aide d'un ballon ou de ballons cylindro-coniques conjugués, de force convenable, composés de soie et gutta-percha, et dont le tissu, *complètement imperméable au gaz hydrogène*, permettra de prolonger le voyage *suivant les nécessités*. Ce n'est pas tout : il est indispensable que la nacelle soit munie :

1° D'un instrument de contrôle, intitulé : **indicateur vertical**, constatant si le ballon est en état d'équilibre parfait avec l'air ambiant, ou bien — s'il monte ou descend — avec quelle vitesse l'ascension ou la descente ont lieu, afin de pouvoir juger, par un coup d'œil, si la marche du ballon s'effectue dans les conditions voulues ; conditions que les moteurs ont toujours pour objectif et que le baromètre ne saurait suffisamment assurer. Ainsi, l'*indicateur vertical*, appliqué au baromètre, fait exactement le même effet que « *l'aiguille à secondes* », appliquée à la montre ;

2° D'un instrument appelé : **indicateur horizontal**, lequel, en cas de marche oblique, fait connaître l'inflexion à droite ou à gauche de la direction à suivre ;

3° D'un **gouvernail**, à l'aide duquel le ballon pourra être maintenu suivant les besoins de cette direction ;

4° De **parois étanches**, et d'une **ceinture en caoutchouc** gonflée d'air, dans le but de préserver les dépêches et les aéronautes en cas de descente dans l'eau ;

5° De **courroies spéciales** pour la transmission du mouvement des moteurs, et dont le glissement est rendu impossible, sans devoir occasionner — par leur tension — la plus minime perte de force.

Voilà, Monsieur, en quoi consistent les *organes accessoires* de ma nacelle mécanique, que je mets, ainsi que tout l'ensemble de mon système, sous votre expérience, et ma vie, au besoin, à votre disposition.

— Je vous remercie doublement de la démarche si empressée et surtout si opportune que vous venez de faire. Indépendamment du rapport de l'Académie des sciences, si favorable, si concluant, qui vous recommande déjà d'une manière toute spéciale, je trouve votre idée de l'application des aérostats au transport des dépêches par pigeons des plus ingénieuses, et d'autant plus importante pour la guerre actuelle, que la pratique en est facile, et, comme vous le dites, Monsieur, la réussite certaine. Je ne doute pas que le Comité n'accueille avec empressement de telles offres de service. Encore un mot, s'il vous plaît. Avez-vous pris un brevet d'invention pour cette idée de pigeons ?

— Je crois vous avoir déjà dit qu'elle m'était venue aujourd'hui même.

— Mais vous en prendrez un, sans doute ?

— Je n'y songe pas le moins du monde.

— Tous les aéronautes pourront donc s'en servir ?

— Assurément. Car que ce soit Pierre ou Paul qui rende ce service à la France, le point essentiel c'est qu'il lui soit rendu. Je n'ai pas d'autre ambition. Mais justement, et à cause de cela, j'ai à vous faire remarquer une chose des plus importantes.

— Laquelle ?

— C'est que l'emploi de pigeons — quand il s'agit d'une *ville assiégée* — peut devenir aussi **funeste** qu'**utile**.

— Pouvez-vous m'expliquer cette alternative que j'avoue ne pas comprendre ?

— Bien volontiers : Quand les pigeons sont lâchés à de grandes distances, par un temps qui *est* ou *devient* nuageux et qui les empêche de reconnaître leur itinéraire ou leur point de départ, il est rare — *si bien dressés qu'ils soient* — qu'ils rentrent au colombier, ou du moins qu'une partie ne s'égare en route. En temps ordinaire, ce n'est qu'une perte de pigeons, et cela n'a rien de sérieux. Mais si — comme dans le cas présent — il s'agit d'une capitale assiégée, s'il s'agit du transport *de dépêches, de combinaisons secrètes* **d'où le salut de la France peut dépendre**, croyez-vous, Monsieur, qu'il n'y aurait rien de sérieux si ces dépêches, ces combinaisons secrètes, **tombaient entre les mains des assiégeants ?**

— J'ai compris. Veuillez me donner votre adresse, s'il vous plaît, car nous aurons à nous revoir.

En effet, le lendemain (19 septembre), je reçus de lui la lettre suivante :

Paris, 19 septembre 1870.

Monsieur,

Le Comité d'initiative invite le docteur Van Hecke à vouloir bien formuler, dans une lettre, les offres qu'il a présentées, et qui seront immédiatement transmises au Comité de défense.

Recevez, Monsieur, mes salutations, etc.

Pour le Comité :

Le Secrétaire,

(Signé) SAINT-VITAL.

A M. le docteur Van Hecke, 77, boulevard Saint-Germain.

Ne voulant pas perdre un instant, je m'empresse d'adresser, le même jour, à MM. les Président et Membres du Comité d'initiative de la Défense (conformément à l'invitation de M. Saint-Vital), une lettre contenant les offres de service qu'on vient de lire, en ajoutant que je me tenais, dès à présent, à leur disposition.

Cette lettre étant restée sans réponse, l'idée m'est venue qu'étant étranger, le Comité aurait pu éprouver de l'hésitation à me charger de dépêches gouvernementales, et, dans une deuxième lettre, j'eus soin de faire remarquer :

Que le Comité désignerait lui-même les aéronautes, le rôle et l'intervention du docteur Van Hecke se bornant à contribuer, par tous les moyens possibles, au succès de l'opération, c'est-à-dire au transport des dépêches, comme il vient d'être exposé.

Plusieurs jours s'écoulèrent encore sans recevoir aucune réponse ; mais, *le 30 septembre 1870*, je reçus enfin de M. Cornu, délégué du Comité, une lettre formulée comme suit :

Paris, le 30 septembre 1870.

Monsieur,

Je serai chez moi de 7 à 8 heures, et je serai heureux de vous y recevoir.

Agréez, je vous prie, l'assurance de ma considération distinguée.

(Signé) A. CORNU.

A M. le docteur Van Hecke, 77, boulevard Saint-Germain.

Cette entrevue a duré près d'une heure, pendant laquelle nous nous sommes particulièrement occupés de questions techniques qu'il est indispensable de faire connaître (1).

M. Cornu, prenant le premier la parole, me dit :

— J'ai lu avec le plus vif intérêt les deux lettres que vous avez adressées au Comité d'initiative de la Défense, et pris connaissance des détails intéressants dont se compose votre système. Je regrette seulement que vous ayez remporté le rapport de l'Académie des sciences, que je ne connais pas, et dont — je vous l'avoue — je n'avais jamais entendu parler. Serait-il indiscret de vous en demander communication ?

— Nullement ; et je me félicite d'avoir ce rapport sur moi. Le voici.

Après l'avoir lu très attentivement d'un bout à l'autre, M. Cornu me le rendit en me disant :

— Ce rapport des plus concluants.

— Alors, vous acceptez mes offres de service ?

— Je ne puis encore vous donner une réponse définitive.

— Cependant, vous êtes, si je ne me trompe, le délégué de la Commission, et, comme tel, juge de la question ?

— Nous ne pouvons pas aller si vite en besogne.

— Voulez-vous me permettre de parler franchement ?

— Parlez, je vous écoute.

— Hé bien ! de deux choses l'une : ou ma proposition, appuyée du rapport de l'Institut de France, n'est pas digne d'être prise en considération, et, dans ce cas, il faut la rejeter, ou bien c'est le contraire,

---

(1) Comme il me serait impossible d'en faire l'analyse d'une manière succincte, j'en donne le détail sous forme de dialogue, aussi concis que possible.

et vous feriez acte de patriotisme en l'acceptant de suite, non seulement en raison de la situation, qui est épouvantable, mais parce que vous ne devez pas ignorer que de *l'emploi utile* ou de *la perte d'une seule journée* peut dépendre **le sort de la France**. A votre tour, Monsieur, parlez-moi franchement, s'il vous plaît. Quelles sont les considérations qui vous empêchent de vous prononcer, dès à présent, dans l'un ou l'autre sens ?

— Mais, si nous acceptons, ça coûtera beaucoup d'argent, sans doute... et vous comprenez...

— Je vous comprends fort bien et, puisque cette question d'argent prime tout le reste, je vais vous rassurer tout d'abord sur ce point essentiel, en vous disant que mon système vous est offert *sans que j'entende me prévaloir du privilège d'inventeur*. Nous pourrons donc traiter par des marchés à forfait, c'est-à-dire à des conditions à débattre et à convenir d'avance.

— Pouvez-vous me dire ce que coûterait, en bloc, un équipage complet de votre système, comprenant tous les organes principaux et accessoires que vous nous avez fait connaître ?

— La dépense d'un tel équipage, avec les agrès généralement d'usage, s'élèvera à 25,000 francs, la nacelle mécanique (pouvant contenir six manœuvres) y entrant pour 2,500 francs, y compris, bien entendu, l'étude des plans, ainsi que mon travail personnel et la direction de ces travaux jusqu'à parfait achèvement.

— Je ne trouve pas la dépense trop forte, mais je voudrais pouvoir juger par moi-même de l'efficacité et de l'ensemble du système avant d'en proposer l'adoption.

— Mais vous venez de lire, dans le rapport de l'Académie des sciences, que c'est à la suite d'*expériences pratiques* que l'**efficacité** de mes moteurs a été hautement reconnue. Pardonnez-moi d'être quelque peu surpris d'apprendre qu'ils aient encore besoin d'une sanction quelconque avant de pouvoir être utilisés pour la défense nationale.

— Le Comité ne refuse pas vos propositions, car aucun de ses membres ne songe à contester le rapport de l'Académie des sciences, qui vous est entièrement favorable, au double point de vue du principe de locomotion verticale et de l'efficacité de vos moteurs ; mais ce rapport ne parle pas de ces *organes accessoires* de votre nacelle aéronautique, et qui sont des plus intéressants, je le dis sans hésitation aucune.

— Je vous remercie, Monsieur, de ces paroles obligeantes ; mais comment vous faire connaître d'une manière pratique et faire fonctionner tout cela sous vos yeux, à moins que vous ne me donniez l'ordre de construire une nacelle mécanique telle que je vous le propose ?

— Vous pourriez ne construire, pour le moment, qu'un *modèle en petit*, cela suffirait parfaitement au Comité.

— J'aurais plus vivement désiré construire une nacelle sérieuse, suffisante pour le travail de six manœuvres, et pouvant être appliquée à un ballon définitif ; car vous savez aussi bien que moi à quel point les circonstances sont pressantes et nous obligent d'agir sans perdre un instant. Mais, puisque le Comité ne l'entend pas ainsi, je m'incline et suis prêt à faire construire ce *modèle en petit* (1), que vous me dites lui suffire pour le moment, et dont la dépense de construction ne s'élèvera qu'à 1,500 francs, y compris l'étude du plan et travail personnel. Cela convient-il ?

— Je vais, dès aujourd'hui, en parler au Comité ; je ne doute pas qu'il n'accueille le projet avec empressement, ce dont vous serez immédiatement informé.

Je pris congé de M. Cornu, dont l'urbanité avait été parfaite pendant cette conférence. Mais, à peine dans la rue, je me dis en moi-même : le Comité ne conteste ni le *principe* de mon système de locomotion verticale, ni l'*efficacité* de mes moteurs, ces deux bases fondamentales de l'invention. Et cependant cela ne lui suffit pas. Ce sont les *Organes accessoires* de ma nacelle mécanique (dont le rapport de l'Académie des Sciences n'a pu faire mention par la raison très simple qu'ils n'étaient pas inventés à cette époque), qui deviennent, aux yeux du Comité, la partie essentielle, et qu'il veut voir fonctionner avant de prendre une décision. Quoi qu'il en soit, le Comité, étant seul chargé de la défense, n'a pas à s'en expliquer avec moi, ni à me faire connaître les motifs de sa détermination. Va donc pour le *modèle en petit*.

L'empressement avec lequel le Comité devrait — selon la dire de M. Cornu — accueillir le projet de la construction de cette petite nacelle, a été d'autant plus remarquable qu'on m'a fait l'honneur de ne pas me répondre du tout, puisqu'au bout de dix jours je n'obtins même pas un traître mot.

Je me demandais si je ne ferais pas bien de considérer ce silence comme une réponse des plus significatives, et d'abandonner toute cette affaire ? La logique devait me le conseiller, mais raisonne-t-on quand on a la tête en feu. Aussi mon parti fut pris sur-le-champ.

Je cours trouver deux de mes amis, ardents patriotes (2), et je les mets au courant de ce qui se passe. Cela fait, je leur demande s'ils étaient disposés à faire, conjointement avec moi, une dépense de 1,500 francs pour la construction d'une petite nacelle (*modèle en petit*), et tous deux accueillirent ma proposition avec d'autant plus d'empressement qu'ils n'ignoraient pas qu'une telle dépense eût été pour moi une trop lourde charge. Rassuré de ce côté, je ne m'en tiens pas là. Vingt minutes après je me trouve dans le cabinet de M. Cornu, qui me dit :

— Je suis bien aise, Monsieur, que vous ayez pris la peine de passer chez moi, quoique, à mon grand regret, je n'ai encore aucune réponse décisive à vous transmettre. Comme relations personnelles, je puis

---

(1) C'est le nom de baptême que lui a donné M. Cornu.
(2) Je crois devoir prévenir mes lecteurs que j'appelle *patriote* tout homme *qui aime sa patrie*, quelle que soit la couleur de son drapeau.

témoigner au docteur Van Hecke toute la confiance que m'inspirent ses études et son expérience ; mais je n'ai, malheureusement, aucun pouvoir à faire passer cette confiance dans l'esprit du Comité, qui hésite à prendre une décision.

— Je vous remercie, Monsieur, de vous être expliqué si franchement. Permettez-moi d'en faire autant : Je vous ai déjà fait observer que mon plus vif désir est de pouvoir être utile à la France, sans que j'en attende recueillir aucun avantage financier. En ma qualité de Belge, je pouvais rester complètement étranger à cette guerre, aussi bien qu'indifférent sur son issue. Cela étant, je devrais peut-être me borner à ce que j'ai fait jusqu'ici, puisque le Comité se montre si peu disposé à donner suite à mes offres de service. Hé bien ! c'est ce qui me décide à faire un pas de plus. Le Comité veut voir, m'avez-vous dit, fonctionner les *organes accessoires* de ma nacelle mécanique avant de se décider à faire la commande d'un équipage aérien complet. Je comprends cela. Mais, ce que je ne comprends pas, c'est qu'après avoir manifesté ce désir, il n'y songe plus du tout. Y a-t-il indiscrétion à vous demander le motif du revirement d'opinion si inopinément survenu dans son esprit ?

— Nullement, et je vais vous l'expliquer en quelques mots :
Le Comité serait très disposé à faire cette dépense de 1,500 francs ; malheureusement, il ne croit pas à l'existence de ces organes accessoires, et c'est ce qui le fait hésiter. Aussi, payerait-il volontiers le double de cette somme, si cette existence lui était garantie.

— Puisqu'il en est ainsi, je vous propose de faire à mes frais, risques, périls et fortune, la construction de cette petite nacelle mécanique, et voici le marché à forfait que je vous offre : Vous n'aurez rien à payer si vous n'obtenez pas la satisfaction de voir fonctionner sous vos yeux tous les organes (principaux et accessoires) composant actuellement l'ensemble de mon système. Si, au contraire, cette satisfaction vous est donnée, le gouvernement me payera, pour cette construction, le double, soit 3.000 francs. Cela vous convient-il ?

Sans hésitation aucune, M. Cornu accepta cette proposition de marché aléatoire dans les termes suivants :

— Le Comité ne peut que vous remercier, Monsieur, de ces sentiments, surtout à un moment où la France compte si peu d'amis ; et certainement un service aussi important sera largement payé par le gouvernement.

— C'est donc une affaire conclue, et je vais me mettre de suite à la besogne, avec le concours de quelques amis qui sont heureux de me seconder dans cette circonstance. Dès que le travail sera fini, vous serez invité à venir l'examiner.

La conférence était terminée.

Je revis le même jour mes deux amis, qui furent aussi surpris que navrés de la nouvelle que je leur apportais, puisque, l'un après l'autre me dirent :

— Après votre visite d'hier... je doutais ; aujourd'hui je ne doute plus : je n'ai aucune confiance dans ce Comité, qui préfère payer 3,000 francs pour une petite nacelle qui n'est qu'un jouet d'enfant, plutôt que de payer 2,500 francs pour une nacelle sérieuse, capable d'être utilisée pour la défense du pays.

— A coup sûr, ajouta l'autre, une telle conduite, dans un pareil moment, est doublement injustifiable ; et la France ne lui fera pas l'injure de l'accuser d'avoir mis trop de zèle à la défendre.

Quant à moi, je dois bien l'avouer, je me mis à ma table de dessin, l'esprit préoccupé de sombres idées. J'y passai huit jours de suite, complètement absorbé par l'étude du plan, coupe, élévation des divers organes (principaux et accessoires). Aussitôt que ces dessins furent achevés, je courus à droite et à gauche pour trouver un mécanicien capable de les exécuter sous ma direction. Après deux jours de courses sans résultat (presque tous les ateliers chômaient), j'eus la chance de rencontrer un de mes compatriotes, mécanicien, lequel consentit à s'en occuper, et qui — grâce à mes démarches auprès de l'autorité, qui m'écouta avec beaucoup de sympathie — obtint une dispense de faire sa garde aux remparts pendant l'intervalle de ce travail qui a été terminé dans le délai d'un mois.

Le 22 *novembre 1870*, la petite nacelle fut transportée dans la cour de la maison Hachette, éditeur-libraire, boulevard Saint-Germain ; en quelques heures elle fut complètement montée et munie de tous ses organes, prête à fonctionner devant M. Cornu, qui, ayant été prévenu de cette installation, accourut aussitôt.

Après l'avoir très minutieusement examiné dans toutes ses parties, et fait fonctionner, sous ses yeux, chacun des organes principaux et accessoires, M. Cornu s'est exprimé dans ces termes :

« Je remercie le docteur Van Hecke, au nom du Comité de la « Défense, de son acte patriotique. Je ne conteste aucun des principes « d'une invention qui a été favorablement accueillie par l'Institut de « France, ni aucune des idées nouvelles ou additions qu'il y a apportées « depuis. Mais je doute que cette petite nacelle, montée par deux « hommes, puisse suffire pour infléchir la trajectoire de l'aérostat et « pour le faire monter ou descendre sans perte de gaz ou de lest. »

A quoi j'ai répliqué :

— Cette petite nacelle, que j'ai fait construire, suivant convention faite entre nous *le 18 octobre dernier*, n'est qu'un *modèle en petit*, purement démonstratif, dans le but de faire fonctionner sous vos yeux les divers organes (principaux et accessoires) dont se compose actuellement l'ensemble de mon système. Elle n'est donc pas destinée à être adaptée à un ballon définitif, puisque le travail d'un seul homme suffirait pour la briser. Si vous en doutez, dites un seul mot, et je vais vous le prouver.

M. Cornu ayant gardé le silence, je poursuivis ma réplique :

Rien n'empêche de tripler, de quintupler sa force, puisque l'Académie des sciences déclare, dans son rapport, qu'on peut arriver à se procurer, par ce procédé, 50, 60 et même 100 kilogrammes de puissance artificielle, suivant la direction de l'axe et réciproquement.

Il résulte de ce qui précède, que M. Cornu a fait confusion en confondant cette petite nacelle avec celle que j'ai proposée *le 13 septembre 1870*, suffisante pour le travail de *six manœuvres*, et destinée à établir des **communications assurées** *entre les deux parties du gouvernement*.

Je ne crois pas nécessaire d'en dire davantage pour faire comprendre à quel point je fus surpris lorsque, le lendemain, 23 novembre, je reçus de M. Cornu, sous enveloppe ouverte, une lettre (1) adressée à M. Berthélo, président du Comité scientifique de la Défense, au ministère de l'Instruction publique, conçue dans ces termes :

Paris, le 3 octobre 1870.

Monsieur le Président,

M. le docteur Van Hecke (à qui l'Académie des sciences a accordé un rapport favorable sur l'emploi d'hélices particulières comme moteurs aéronautiques), vient d'appliquer ses idées à la construction d'une nacelle destinée à être adaptée à un ballon. Cette nacelle est maintenant achevée (1). Le docteur Van Hecke désire (2) l'adapter à l'un des ballons actuellement construits par la Direction des Postes, et me prie (3) d'appuyer sa demande auprès du Comité scientifique de la Défense.

Je le fais volontiers, quoique je ne sois pas d'accord avec lui (4) sur la quantité de travail nécessaire pour le but qu'il se propose. Le docteur Van Hecke pense que, pour infléchir la trajectoire de l'aérostat, emporté par le vent, et pour chercher un mouvement vertical (sans perte de gaz ou de lest), les couches de l'atmosphère où règnent les vents favorables, le travail de deux hommes doit suffire (5).

Veuillez agréer, je vous prie, M. le Président, l'assurance de mon respectueux dévouement.

(Signé) A. Conxe.

Toutes les affirmations de cette lettre sont complètement erronées, et je vais en fournir la preuve :

(1) PREMIÈRE ERREUR. — Cette lettre m'a été remise (sous enveloppe ouverte) le 23 *novembre* et non pas le 3 *octobre* ; car ce n'est que le 22 novembre que la petite nacelle a été achevée et transportée dans la cour de M. Hachette, où M. Cornu est venu l'examiner, à cette date.

(2) DEUXIÈME ERREUR. — Comme cette nacelle n'était pas destinée à être fixée à un ballon définitif, je n'ai pu *desirer* qu'elle fût définitivement adaptée à un ballon des *postes*, quatre ou cinq fois plus volumineux qu'ils n'auraient dû l'être, si la nacelle dont il s'agit eût été construite pour le travail de deux hommes ; tandis que j'ai fait observer à M. Cornu (avec l'offre de le prouver) que la petite nacelle ne pourrait supporter l'effort développé *par un seul homme*, sans se briser.

Du reste, ces ballons des postes, construits en coton (et alors même qu'ils eussent été de dimension désirable), n'auraient pu convenir ni satisfaire aux exigences de la mission qu'il s'agissait de remplir ; et M. Cornu ne devait pas l'ignorer, sachant — d'après mes déclarations écrites et verbales — qu'un ballon en soie et gutta-percha, *complètement imperméable au gaz hydrogène*, m'était indispensable pour les voyages « en retour sur Paris », à moins de faire, à **l'avance**, le sacrifice de ma vie (2).

(3) TROISIÈME ERREUR. — Ce qui vient d'être dit doit prouver suffisamment que je n'ai pu prier M. Cornu — comme il l'affirme dans sa lettre — d'adresser *une demande de ce genre* au Comité scientifique de la Défense.

(4) QUATRIÈME ERREUR. — M. Cornu dit qu'il *doute* que cette petite nacelle puisse infléchir la trajectoire de l'aérostat emporté par le vent, et il ajoute qu'il n'est *pas d'accord avec moi sur ce point*.

La petite nacelle — je le répète une fois de plus — n'étant pas capable de supporter le travail d'un seul homme, sans se briser, n'aurait certainement pu infléchir la trajectoire de l'aérostat. Je suis donc, *sur ce point, complètement d'accord avec lui*.

(5) CINQUIÈME ERREUR. — M. Cornu *doute* également que *deux hommes* puissent faire *monter ou descendre l'aérostat*, **à volonté**, pour chercher par un *mouvement vertical* (**sans perte de gaz ou de lest**), les couches de l'atmosphère où règnent des vents favorables.

Entre *l'affirmation* de l'Académie des sciences, qui a pu constater, par expérience pratique, que le moteur artificiel à ailes gauches du docteur Van Hecke était un *moyen facile*, permettant, *sans grand effort*, de faire **monter** et **descendre** l'aérostat, *à volonté*, sans **perte de gaz ou de lest**, et le *doute* de M. Cornu... j'ai pensé qu'on me pardonnerait d'avoir compté un chiffre de plus (5e erreur) dans l'énumération des assertions erronées que sa lettre renferme ; et je profite de cette circonstance pour ajouter :

Que le Comité de la Défense mette à ma disposition un ballon en soie, imperméable au gaz hydrogène, ayant une puissance suffisante pour enlever une nacelle mécanique de mon système, et pouvant développer le travail de *deux hommes*, et je me porte fort de démontrer, par expérience, que le ballon **montera, descendra et se maintiendra à une hauteur déterminée, à volonté, sans perte de gaz ou de lest**.

Or, **la locomotion aérienne** se trouve résumée dans ces mots.

C'est par ces moyens, et à l'aide des *vents alisés* (courants et contre-courants qui soufflent sans interruption, sur une largeur de plusieurs centaines de lieues, de chaque côté de l'équateur, ou par ceux qui vont de l'équateur aux pôles et *vice versa*), qu'on parviendra, sinon à faire complètement le tour du monde, du moins à se transporter, à vol d'oiseau, à des distances considérables. Ceci s'entend non seulement pour un simple voyage à l'aide du *courant inférieur*, allant du *levant au couchant*, c'est-à-dire en sens inverse du mouvement diurne de la terre, et en rasant les surfaces terrestres, mais pour un voyage fait en sens contraire, à l'aide du *contre-courant supérieur*, allant du *couchant au levant* ou de *l'équateur aux pôles*, lequel s'effectuera avec influmment plus de promptitude ; la vitesse merveilleuse du *contre-courant supérieur* ayant été constatée, dans notre hémisphère :

1° Par Humboldt, au pic de Ténériffe, haute montagne des Canaries s'élevant à 3.710 mètres, où le *courant inférieur* et le *contre-courant supérieur* soufflent sans interruption, l'un à la base jusqu'à une certaine élévation, du *levant au couchant*, l'autre au sommet du pic, du *couchant au levant*, lesquels courants ont été tous deux l'objet d'expériences directes et, par conséquent, des constatations les plus concluantes ;

2° Par les irruptions volcaniques de l'île de Saint-Vincent, située au *couchant* de la Barbade, dont les habitants voient les nuages de poussière passer dans une direction contraire à celle du *courant inférieur* qui souffle sur la mer ;

3° Par les cendres du Cosiguina (volcan du Guyatémala), lesquelles, s'élevant jusqu'au *contre-courant supérieur*, obscurcissent le ciel et vont tomber à Kingston, ville de la Jamaïque, située au *levant*, du Guyatémala ;

4° Par Bruce, qui, dans son célèbre voyage en Abyssinie, a pu observer des nuages très élevés allant du *couchant au levant*, c'est-à-dire en sens inverse du *courant inférieur* qui rase la terre ;

5° Par l'aéronaute montant le ballon « *La Ville d'Orléans* », lequel, parti de Paris le 24 octobre 1870 (pendant le siège), est descendu à Montzio, en Norvège (140 lieues au nord de Christiania), dans l'espace de quinze heures. La distance entre le point de départ et d'arrivée étant d'environ 3,000 kilomètres ou 750 lieues, on voit que la vitesse du *contre-courant supérieur*, allant de *l'équateur au pôle*, est de **50 lieues par heure.**

Tous ces faits, qui ont été constatés sur divers points du globe, et qui sont acquis à la science météorologique, nous révèlent que les *contre-courants supérieurs* existent et courent avec une vitesse prodigieuse.

Sous toute latitude, un vent qui souffle pendant un certain temps opère un vide qui doit se remplir. Sans cela, l'équilibre serait rompu dans l'océan atmosphérique.

La vérité de ce principe ou de cette loi naturelle est d'autant plus incontestable que la **circulation** est le grand lien de l'univers, chez le zoophyte comme chez l'homme, dans les plantes comme dans les vogues et courants océaniques. Partout où il y a un *courant inférieur* il y a un *contre-courant supérieur*, allant en sens contraire, c'est-à-dire superposé et parallèle l'un à l'autre, comme le sont, **dans un plan renversé**, les deux voies d'un chemin de fer.

Ici, comme dans tous les faits de locomotion aérienne ou terrestre, **la loi des contrastes et des plans renversés** se manifeste dans toute son évidence, et nous allons en fournir la preuve :

Les voies des chemins de fer *aller et retour sont posées par la main de l'homme, en sens horizontal, et coûtent fort cher*, tandis que les voies aériennes *se trouvent toutes créées par la nature, en sens vertical* (c'est-à-dire superposées les unes aux autres), *et ne coûtent pas un sou d'établissement*. Évidemment, il y a la contraste et *plan renversé*. Citons d'autres faits analogues, non moins concluants :

Deux trains de chemins de fer, marchant en sens inverse, peuvent, dans un choc, *se détruire de la façon la plus désastreuse*, tandis que ces terribles collisions ne sont pas à craindre pour les équipages aériens, puisqu'un choc entre deux ballons n'est pas possible. En voici la raison : ou bien ces ballons, marchant en sens inverse (sur une même verticale), se trouvent nécessairement plus hauts ou plus bas et à de grandes distances l'un de l'autre ; ou bien ils se trouvent à la même hauteur et se touchent presque, et, dans ce cas, ils ne marchent plus en sens inverse, mais naviguent de conserve *sans s'occasionner le moindre dommage*.

Dans un train de chemin de fer qui marcherait *avec une vitesse de 40 lieues à l'heure*, les voyageurs, à découvert, ayant vent debout, *seraient asphyxiés*, tandis que dans un ballon marchant avec une vitesse égale ou même plus grande, les aéronautes n'auront pas un cheveu de la tête qui remue, puisque la flamme d'une bougie — *par une vitesse de 50 lieues à l'heure* — restera verticale sans s'infléchir dans aucun sens.

Enfin, il en est de même sous le rapport du **mouvement**, *qu'il faut créer et payer fort cher* sur les chemins de fer ; tandis que ce mouvement existe *physiquement et gratuitement* dans l'océan atmos-

---

(1) Cette lettre m'est parvenue le 23 *novembre* (lendemain du jour de la visite de M. Cornu chez M. Hachette), et non le 3 *octobre*, comme l'indique sa lettre. Cette erreur, corroborée de toutes celles que je vais faire remarquer ci-après, doit prouver surabondamment le trouble et la confusion qui régnèrent — à ce moment de lugubre mémoire — dans l'esprit de M. Cornu, si admirablement lucide en temps ordinaire.

(2) Un ballon en soie et gutta-percha, capable de conserver son gaz, *suivant les nécessités du voyage*, pouvait seul donner quelque sécurité aux aéronautes dans leur marche « *en retour sur Paris* ». En se décidant à partir avec un ballon *en coton*, ils entreprenaient une mission dont l'issue, à moins d'un miracle, ne pouvait aboutir qu'à une catastrophe, aucun ballon en coton parti de Paris n'ayant pu revenir à Paris, et tout aéronaute tombant entre les mains des assiégeants étant fusillé sur-le-champ, comme n'ayant pas qualité de belligérant, ladite qualité (les événements ne l'ont que trop prouvé), étant contestée *aux Français eux-mêmes*.

Extrait du *Bulletin de l'Académie nationale* (juin 1872).

phérique. C'est ainsi que le machiniste d'une locomotive se préoccupe exclusivement *de régler la vitesse du convoi*, et non pas du *déraillement ou de la sortie des voies ferrées;* tandis que l'aéronaute se préoccupe, lui, *de maintenir son ballon au milieu des courants aériens*, et non pas *de la vitesse de sa marche, qui est déterminée par la nature.*

Donc, la *locomotion aérienne* ne doit se produire qu'en sens **vertical**, et à *telle fin de maintenir le ballon au milieu des courants aériens qu'il importe de suivre.* En d'autres termes : savoir **monter et descendre, à volonté, sans perte de gaz ou de lest, c'est savoir naviguer dans l'air et mettre à profit les innombrables voies aériennes qui entourent notre planète.** Cette dernière condition *(sans perte de gaz ou de lest)*, est le *sine qua non* de la locomotion aérienne. La raison est facile à comprendre :

Si bien équilibré que soit un ballon avec l'air ambiant, ce ballon ne pourra se maintenir à une hauteur déterminée de l'atmosphère, fut-ce même dans un endroit clos et couvert où le calme de l'air est absolu, et où la lumière, la température et l'état hygrométrique de cet air restent sans variation aucune ; cela tient à plusieurs causes dont le détail serait trop long pour trouver place ici ; je me bornerai à dire : dès qu'un ballon, *libre dans l'espace*, cesse de monter, il est devenu trop lourd et redescend ; dès qu'il cesse de descendre, il est devenu trop léger et il remonte ; et, dans ces oscillations incessantes, il lui est impossible de se maintenir au milieu du courant d'air dont il doit suivre la direction. Il faudrait donc, pour l'y maintenir, avoir constamment les deux mains — l'une à la soupape, l'autre au lest — et l'on comprend sans peine qu'en raison de ces deux *pertes alternatives de lest et de gaz*, **l'une et l'autre irréparables**, l'épuisement arrive à bref délai.

Toutes les observations qui précèdent, et qui plaident en faveur de la locomotion aérienne, n'échapperont à personne.

Si donc la France, berceau de l'aérostation, avait consacré à l'aéronautique une très minime portion des subsides qui ont été affectés jusqu'ici — bien inutilement — à la découverte du pôle Nord (dont aucune utilité pratique ne compensera les sacrifices d'hommes et d'argent que le monde entier enfouit dans cette mer de glaces infranchissables), ou bien si j'avais eu assez de fortune personnelle, il y a vingt-cinq ans que la démonstration pratique de la locomotion aérienne serait accomplie ; car, depuis 1847, la construction d'un équipage aérien destiné à faire cette première démonstration expérimentale n'est plus qu'une simple question d'argent, **le principe de la locomotion verticale, l'existence des courants aériens et l'efficacité du système ayant été reconnus par l'Institut de France.** (Voir le rapport, page 6.)

Je pourrais citer à l'appui de ce document le rapport de l'Académie royale de Belgique (de 1847), confirmant en tous points celui de l'Académie des sciences de Paris ; produire, en outre, des extraits des ouvrages et des mémoires des plus éminents cosmographes et météorologistes dont la science s'honore ; mais ces citations m'entraîneraient trop loin ; ayant, du reste, l'intime persuasion que la question ayant été élucidée, sous ses divers aspects, par le premier corps savant du monde, je devais — par un sentiment de respectueuse déférence envers cette illustre assemblée — m'abstenir d'y ajouter un seul mot.

Et qu'on ne s'effraye pas trop de ce que pourra coûter la réalisation d'une expérience dont je viens de faire mention.

Rappelons-nous cette loi des *contrastes* et des *plans renversés.*

Si les moyens de transport animés par la vapeur, et qui traverseront bientôt non seulement toute l'Europe, mais les continents du monde entier, ont coûté des capitaux fabuleux, les transports par les voies aériennes doivent être *insignifiants comme dépense*, puisqu'elle ne consiste que dans l'achat des *locomotives aériennes*, vulgairement appelées **Ballons**. Voilà donc un premier point éclairci ; mais ce n'est pas le plus important : les milliards dépensés pour satisfaire le besoin de locomotion rapide qui nous domine ont-ils arrêté le désir d'abréger les distances ? Non ! Nous voudrions franchir les espaces AVEC LA VITESSE DES VENTS.

Ce désir sera-t-il éternellement une utopie ? L'humanité aspirera-t-elle toujours à réaliser le vœu le plus cher à son imagination ? N'accomplira-t-elle jamais le tour du monde par le domaine des airs ?

Les aspirations de l'humanité ont toujours été satisfaites, dans l'ordre moral comme dans l'ordre physique : avant la découverte de Christophe Colomb, l'humanité était aussi dans l'attente, et, comme le dit Humboldt : Du haut des rivages des Canaries et des Açores, on croyait apercevoir, longtemps avant la découverte du nouveau monde, les terres situées à l'occident. C'était une illusion produite non par le jeu d'une réfraction extraordinaire, mais par cette ardeur qui nous entraîne au delà de notre portée.

Et l'Amérique fut découverte ! Les routes aériennes le seront aussi !

Les aéronautes sauront les utiliser et créer le système le plus rapide, le plus économique et le plus attrayant des communications internationales.

Un équipage aérien pouvant contenir une vingtaine de personnes,

avec tous les agrès et vivres nécessaires pour un premier voyage d'essai, limité à 1,000, 2,000 ou 3,000 kilomètres (aller et retour), soit à l'aide des vents alisés, soit des vents périodiques ou même des vents variables, ne coûtera qu'environ cinquante mille francs (1).

Voilà donc tous les capitaux qu'il faudra. J'ajoute — pour dire toute ma pensée — qu'un tel voyage pourra s'effectuer avec autant de sécurité qu'une traversée de Douvres à Calais, par bateau à vapeur. Mais, pour cela, il est nécessaire de prendre une *mesure préliminaire* de la plus haute importance, et pour l'exécution de laquelle l'intervention du gouvernement est indispensable. J'ai eu plus d'une fois l'idée de lui demander son assistance, mais le métier de solliciteur n'est pas mon fort ni ma spécialité, et je m'en suis abstenu.

Cela dit, reprenons nos récits des **Détails inconnus du Siège de Paris :**

Je viens de reproduire une lettre adressée à M. Berthelot par M. Cornu, lettre que je me suis bien gardé de faire parvenir au destinataire, à cause des erreurs qu'elle contenait. Ce qui le prouve, c'est que cette lettre est restée entre mes mains.

Sans doute, le Comité peut n'y avoir pas trouvé son compte, et cela se comprend : après avoir empêché — par tous les moyens que l'on connaît — l'application de mon projet de défense, il est tout naturel de croire qu'il eût été enchanté de voir une pauvre petite nacelle, que le travail d'un seul homme devait briser, suspendue à un ballon des Postes d'une dimension énorme, et de pouvoir assister à un spectacle dont le résultat eût été aussi pitoyable et aussi ridicule que celui d'un *ballon* **luttant contre les vents;** et non moins triomphant d'avoir ainsi prouvé *urbi et orbi* que, s'il n'avait pu rejeter le projet du docteur Van Hecke, à cause de ce maudit Rapport de l'Institut de France, on devait au moins lui rendre cette justice, qu'il avait fait tout ce qui était humainement possible *pour en renvoyer l'application jusqu'aux calendes grecques.*

Je n'ajouterai plus qu'un mot :

Ne voulant pas être juge et partie dans une cause qui me touchait d'aussi près, je pris la résolution de provoquer une consultation, et prenant, comme on dit, l'occasion par les cheveux, je me suis adressé, le 27 *novembre*, à une dizaine de personnes réunies ce jour-là dans la cour de M. Hachette, autour de la petite nacelle examinant avec autant d'attention que de curiosité. Comme toutes ces personnes m'étaient inconnues, je devais être convaincu qu'il m'eût été impossible d'agir avec plus d'impartialité. Je leur expliquai dans quel but cette petite nacelle avait été construite, d'accord avec le Comité de la Défense ; la discussion que j'avais eue avec le délégué du Comité qui était venu l'examiner, comme cela avait été convenu, et les observations qui avaient été faites de part et d'autre ; je leur donnai lecture de la lettre de M. Cornu, à l'adresse de M. Berthelot, en expliquant pour quels motifs cette lettre était restée dans mes mains ; bref, je leur fis connaître les observations et réflexions qu'on vient de lire. Cela fait, je leur dis :

Messieurs, que pensez-vous de tout cela ?

Ce ne fut pas seulement un cri de surprise, mais des exclamations, dont quelques-unes des plus caractéristiques, qui éclatèrent parmi eux ; et je me bornerai à dire qu'avis unanime fut :

« Que je devais, sans perdre un instant, m'adresser à M. le ministre « des travaux publics, dont le patriotisme était connu, et qui aurait « bientôt raison d'un Comité de la Défense qui n'avait en les yeux que « pour ne rien voir, et des oreilles que pour ne rien entendre. »

En présence d'une opinion si ouvertement manifestée, il n'y avait évidemment qu'un parti à prendre : c'était de mettre M. le ministre des travaux publics au courant de ce qui s'était passé depuis le 18 septembre 1870 jusqu'au moment actuel, pour qu'il pût, en toute connaissance de cause, prendre telles mesures que la gravité des circonstances comportait.

Un dossier — renfermant toutes mes notes, écrites jour par jour, depuis le commencement du siège, les minutes des lettres officielles de part et d'autre, en un mot, tous les incidents que le lecteur connaît déjà — me permit de remplir cette tâche.

Voici donc, dans toute son étendue, la lettre que j'ai eu l'honneur d'adresser immédiatement à M. le ministre des travaux publics :

---

(1) Ce serait une grave erreur de croire que pour transporter *cent personnes* il faudrait dépenser *cinq fois davantage*, puisque la force d'ascension est *proportionnelle à la capacité du ballon*. Or, la *capacité* augmente en proportion du cube de la longueur du rayon du globe sphérique, et la *surface* en raison du carré de la longueur du même rayon. C'est-à-dire que, dans le premier cas, la longueur du rayon linéaire se multiplie *deux fois* par elle-même, tandis que, dans le second cas, elle ne se multiplie qu'*une fois*. Ainsi, une sphère de 5 mètres de rayon (10 mètres de diamètre) offrant une surface de 314 mètres carrés d'étoffe, a une capacité de 525 mètres cubes. En la comparant à un ballon de 15 mètres de rayon (30 mètres de diamètre), ayant une surface de 2,826 mètres carrés d'étoffe et une capacité de 14,175 mètres cubes, on voit que la *surface* n'est que NEUF FOIS plus grande ; tandis que la capacité ou *force ascensionnelle* l'est VINGT-SEPT FOIS.

DEUXIÈME ÉPISODE

Paris, le 28 novembre 1870.

A Monsieur Dorian, Ministre des travaux publics.

Monsieur le Ministre,

Une nacelle aéronautique, à moteurs artificiels, de l'invention du docteur Van Hecke, soussigné, a été soumise à l'examen de l'Académie des sciences de Paris. Une commission, composée de MM. Poncelet, Séguier et Babinet, rapporteur, a procédé à cet examen, et, sur son rapport, l'Académie a donné, dans sa séance du 1er février 1847, acte à l'auteur du résultat favorable de ses expériences.

Voici les termes dans lesquels s'exprime la commission :

« L'Académie nous a chargés de faire un rapport sur un mémoire de M. le docteur « Van Hecke, de Bruxelles, intitulé : Nouveau système de locomotion aérienne.

« Dans un sujet qui a si souvent occupé l'activité de l'esprit humain, tant pour la « théorie que pour la pratique, votre commission a dû se borner à vous faire con- « naître les résultats des expériences que l'auteur a mises sous ses yeux :

« Le docteur Van Hecke renonce formellement à l'idée de prendre un point d'appui « sur l'air pour se mouvoir en sens contraire du vent. Son système consiste à cher- « cher, à diverses hauteurs, les courants favorables à la direction à suivre.

« La question que s'est proposée le docteur Van Hecke consiste à trouver un « moyen facile de monter ou descendre verticalement, sans employer, comme on le « fait ordinairement, une perte de gaz ou de lest, l'une et l'autre évidemment irré- « parables.

« M. Van Hecke a cherché dans un moteur artificiel une force capable d'élever « ou de déprimer l'aérostat, en transformant, sans réaction latérale, un mouvement « rotatoire en mouvement rectiligne suivant l'axe et réciproquement.

« Un appareil analogue, à ailes gauches (1), a été mis sous les yeux de votre « commission, et, par sa réaction sur l'air, a produit au moyen des quatre moteurs « adaptés à sa nacelle une force de 10 à 12 kilogrammes. Ajoutons que cet effet, « loin d'être exagéré, a été obtenu sans grand effort, avec des ailes à peu près car- « rées, d'environ 50 centimètres de côté. Rien n'empêche d'admettre qu'avec une « force suffisante, on pourrait arriver à se procurer, par ce procédé, 50, 60 ou même « 100 kilogrammes de lest ascendant ou descendant. L'estimation de la pression d'un « courant d'air d'une vitesse donnée, sur une surface d'une étendue et d'une incli- « naison connues, pouvait, sans doute, approximativement, conduire par le calcul à « l'effet de l'appareil de M. Van Hecke; mais l'Académie sait trop combien les « aperçus mécaniques les plus probables ont besoin de confirmation pratique, pour « ne pas juger indispensable de s'en rapporter aux commissaires ayant été témoins de l'action du « moteur de M. Van Hecke. Il reste à savoir si la force obtenue sera, dans tous les « cas, suffisante pour faire monter ou descendre l'aérostat. Or, dans un ballon ordi- « naire, c'est l'action des rayons solaires qui détermine les plus subites variations « de légèreté spécifique. Notre aéronaute expérimenté, M. Dupuis-Delcourt, n'es- « time pas que l'action du soleil puisse dépasser 10 à 12 kilogrammes, et encore « dans un espace de temps assez long. Ainsi, le moteur de M. Van Hecke serait « suffisant dans ce cas extrême; et, d'ailleurs, le procédé d'ascension et de descente « facile de l'auteur, en permettant de faire osciller le ballon de haut en bas et de « bas en haut, renouvellerait le contact de l'enveloppe avec l'air ambiant, et pré- « viendrait, en grande partie, l'effet de l'échauffement direct produit par les rayons « solaires. »

C'est avec ce titre en mains que le docteur Van Hecke s'est présenté, le 18 septembre 1870, c'est-à-dire, dès la première heure de l'investissement de la capitale, au Comité d'initiative de la Défense, pour lui faire ses offres de service. Le lendemain, 19 septembre, le Comité l'invite à formuler, dans une lettre, ses propositions verbales de la veille; et sans perdre un instant, les lettres suivantes ont été adressées à MM. le Président et membres du Comité.

Nota. Afin d'éviter des redites, je passe sous silence les deux lettres successivement adressées au Comité, ainsi que l'historique de tous détails ultérieurs que le lecteur connaît déjà, et je continue ma lettre à M. Dorian dans les termes suivants :

Monsieur le Ministre,

Certain de l'efficacité du moyen qu'il a présenté, et connaissant l'ardeur avec laquelle M. le Ministre des travaux publics adopte et applique tous les moyens qui peuvent contribuer à la défense nationale, le Dr Van Hecke s'adresse directement à son patriotisme pour réitérer l'offre de service qu'il est convaincu de pouvoir rendre à la France pendant l'investissement de la Capitale.

En indiquant sommairement le projet qu'il a conçu, dès le 18 septembre 1870, et de quelle manière il en comprend l'exécution, le Dr Van Hecke croit pouvoir donner à M. le Ministre des travaux publics une preuve de ce qu'il avance. Le Dr Van Hecke propose la construction d'une série de ballons munis de nacelles mécaniques conformes à la description ci-dessus détaillée. Lesdits équipages partent de Paris au fur et à mesure de leur achèvement. Alors, de deux choses l'une : ou ces ballons, qui pourront conserver, à peu de chose près, tout leur gaz, et dont, au besoin, le gonflement pourra se faire partout où l'on trouve du vitriol, du zinc et des futailles vides; ces ballons, une fois arrivés au dehors des lignes d'investissement, se maintiennent en partance, prêts à rapporter à Paris (à l'aide des courants ou contre-courants aériens, à chercher à diverses hauteurs de l'atmosphère, les dépêches que la Délégation aura à y faire parvenir; ou bien ils seront dégonflés et transportés, suivant les besoins.

Faisons remarquer ici que l'étude des vents devra être la préoccupation incessante de l'administration, laquelle transmettra (par télégraphe, chemins de fer ou estafette) à toutes les stations aéronautiques les divers mouvements de l'atmosphère à mesure qu'ils se produiront. La Délégation, qui communique avec tous les chefs d'armée du dehors (départements), saura donc toujours où diriger les dépêches qui doivent être transportées à Paris.

Cela bien entendu, on peut prévoir quatre hypothèses, savoir :

Nota. Le lecteur les connaissant déjà, je les passe sous silence.

Par ce moyen, donc, les deux parties du Gouvernement auront des communications assurées entre elles, de manière qu'il n'existera plus de lacunes ni d'incertitudes entre les chefs d'armée des départements avec ceux de l'armée assiégée.

Le docteur Van Hecke n'insiste pas davantage auprès de vous, M. le Ministre, sur l'importance de ces résultats. Il suffit de les énoncer pour que vous jugiez s'ils peuvent contribuer à la défense nationale.

Veuillez agréer, M. le Ministre, l'assurance de son profond respect et de son entier dévouement.

(Signé) Le docteur Van Hecke.

M. le Ministre des Travaux publics n'eut pas de peine à comprendre à quel point de semblables résultats pouvaient contribuer à la Défense. Aussi, sa réponse ne se fit pas attendre :

École des ponts et chaussées.
Cabinet du Directeur.
Paris, le 1er décembre 1870.

Le Président de la Commission d'étude des moyens de défense instituée par le Ministre des Travaux publics a l'honneur d'informer M. le docteur Van Hecke que ladite Commission se réunira demain, 2 décembre, à 3 heures de l'après-midi, rue des Saints-Pères, 28, et le prie de vouloir bien assister à cette réunion.

A M. le docteur Van Hecke, 77, boulevard Saint-Germain.

Cette assemblée se composant des membres de la Commission d'étude des moyens de Défense, du corps des ponts et chaussées, et où je pouvais remarquer MM. le chef du cabinet et secrétaire du Ministre des Travaux publics, était, par conséquent, des plus imposantes, non seulement en raison du nombre des assistants, mais à cause de la question scientifique qui devait y être discutée. Cette discussion se prolongea pendant deux heures, et fut des plus intéressantes. Je voudrais bien en relater les principaux incidents, mais ces détails seraient trop longs. Je me bornerai à en donner la conclusion.

Il fut convenu qu'un délégué, membre de la réunion, se mettrait en rapport avec moi pour nous entendre sur quelques points de détail relatifs aux mes offres de service, et la lettre suivante, que j'adresse à M. le Ministre des Travaux publics, fait connaître ce dont il a été question entre nous.

Paris, le 5 décembre 1870.

Monsieur le Ministre,

A la suite du conseil de MM. les Ingénieurs des ponts et chaussées et Commission d'étude des moyens de défense, un des membres de la réunion, délégué à cet effet, m'a proposé de réduire mon équipage aérien à la manœuvre de 4 hommes

---

(1) L'Académie des sciences appelle mon moteur aéronautique : *appareil à ailes gauches*; M. Corna le désigne sous le nom : d'*hélices particulières* (voir page ...); tandis que cet appareil, que j'ai inventé, avait reçu pour nom de baptême : *Moteur aéronautique du Dr Van Hecke.*

Ces trois appellations, bien que différentes, sont toutes rationelles, puisqu'elles désignent sommairement l'objet en question sous ses divers aspects. Mais aucune d'elles n'en donne la description complète, laquelle en aurait fait ressortir l'originalité et le caractère particulier, de manière à ne pouvoir être confondu avec l'hélice de Sauvage, dont les palettes — *plus ou moins nombreuses* — *sont complètement rigides*, tandis que mon moteur aéronautique ne peut avoir que *deux ailes* (surfaces gauches en soie tendue *sur un encadrement de fil d'acier*), et qui forment avec l'axe — auquel ces deux ailes ne touchent même pas, puisqu'elles s'attachent à *des tiges d'acier* qui traversent cet axe en forme de croix — un double plan incliné, jouissant *d'une certaine élasticité* dont un *ressort à boudin*, enroulé sur l'axe, permet de régler et de maintenir l'action dans la limite nécessaire pour atteindre le maximum de sa puissance. Or, ce double plan incliné, résultant de cette disposition, et cette élasticité, si favorables dans un appareil destiné à réagir sur l'air (*qui est un fluide éminemment élastique*), n'existent pas dans l'hélice de Sauvage, destinée à réagir sur l'eau (*qui est un fluide environ 800 fois moins élastique que l'air*). Aussi l'hélice de Sauvage est très puissante dans l'eau et l'est infiniment moins dans l'air, tandis que mon moteur, très puissant dans l'air, ne saurait (à cause de la vivacité de son action) faire une révolution dans l'eau, sans se briser à l'instant même.

Ce qui prouve non seulement qu'il n'existe, entre les deux appareils, *aucune similitude*, au double point de vue de la construction et de l'effet produit par chacun d'eux, mais qu'il faut *deux appareils différents* pour pouvoir agir *efficacement* sur deux fluides aussi dissemblables que l'AIR et l'EAU.

au lieu de 6, et à construire un ballon sphérique, plutôt que deux ballons cylindro-coniques conjugués. Il a donné pour raison que c'est plus conforme à l'usage et plus commode pour la manœuvre. Ainsi réduit et modifié, mon équipage, au lieu de 25,000 francs, ne coûterait que 18,500 francs. Le ballon à construire serait en soie et gutta-percha, ayant, par conséquent, la même imperméabilité que celui de M. Dupuy de Lôme, dont le système va être expérimenté au premier jour.

Les deux équipages pourront donc servir de point de comparaison, puisque des expériences directes et pratiques permettront de constater les résultats obtenus par l'un et l'autre, tout en tenant compte que le système de M. Dupuy de Lôme nécessite la manœuvre de 6 hommes et coûtera 40,000 francs ; tandis que le système du docteur Van Hecke se composera de 4 manœuvres seulement, et ne coûtera que 18.500 francs.

Confiant dans la supériorité de mon moteur aéronautique et dans l'ensemble de mon système, j'ai la conviction d'arriver aux résultats comparatifs suivants :

1° De monter, de descendre verticalement et de maintenir le ballon à hauteur déterminée, à volonté, sans perte de gaz ou de lest, avec infiniment plus de facilité que M. Dupuy de Lôme.

2° D'obliquer, par effet latéral, avec plus d'efficacité que lui, c'est-à-dire sous un angle plus ouvert, quelle que soit la vitesse du vent qui nous emportera tous deux.

3° De faire opérer au ballon, à l'aide du gouvernail, une révolution entière n'importe dans quel sens, en moins de temps qu'emploiera M. Dupuy de Lôme, pour effectuer un quart de cercle.

Si donc cette modification, proposée par M. le délégué de la Commission (et à laquelle, *pour en finir*, je me suis bien gardé de faire la moindre objection), se trouve définitivement adoptée et mise à exécution, j'y trouverai, Monsieur le Ministre, la double satisfaction : 1° de pouvoir être utile à la France, à laquelle je dois le bienveillant accueil que j'y ai reçu depuis 1847 ; 2° de poser un jalon de plus en matière de locomotion aérienne, en ajoutant quelques faits nouveaux à ceux qui ont été déjà si favorablement accueillis par l'Institut de France.

J'ai l'honneur d'être, Monsieur le Ministre, avec le plus profond respect,
Votre très humble et très dévoué serviteur

(Signé) Le docteur VAN HECKE, 77, boulevard Saint-Germain.

Cette fois encore, M. le Ministre des Travaux publics n'a pas de peine à comprendre que les résultats *comparatifs* des deux systèmes étaient de nature à intéresser au dernier point, la Défense nationale, puisque, le 13 décembre, je reçus de la Commission d'étude la lettre suivante :

Ministère des Travaux publics.   Paris, le 13 décembre 1870.
Commission d'étude des moyens de Défense.

Monsieur,

Le Ministre a autorisé la Commission à procéder à quelques expériences pour constater la valeur du système que vous avez imaginé. Pour réaliser son programme, la Commission désire avoir entre ses mains une hélice construite par vous. Il faudrait qu'elle fût disposée pour être facilement mise en mouvement par 4 hommes.

Je vous prie, en conséquence, de me faire savoir quelle somme d'argent devrait vous être remise pour la fourniture de l'appareil, et dans quel délai vous vous engagez à le livrer pour la somme qui serait convenue. Vous auriez à votre charge la construction de l'hélice, le transport à la gare d'Orléans, où auront lieu les expériences, et les modifications que vous jugeriez utiles d'exécuter, s'il y a lieu, pendant le cours des essais.

Il est bien entendu qu'elle sera établie de façon à pouvoir être utilisée *dans un ballon définitif.*

Recevez, Monsieur, l'assurance de ma considération.

L'Inspecteur général, président de la Commission
(Signé) RAYNAUD.

A M. le docteur Van Hecke, 77, boulevard Saint-Germain.

A cette lettre, je répondis immédiatement dans les termes suivants :

Paris, le 13 décembre 1870
à MM. le Président et Membres de la Commission d'étude des moyens de défense.

Messieurs,

En réponse à votre honorée lettre de ce jour, et conformément à ma proposition verbale, je me charge de vous fournir par marché à forfait une nacelle aéronautique de mon système, pour le prix de 2,500 francs, payables 1,250 francs à la commande, et 1,250 francs à la livraison.

La nacelle pourra contenir 6 personnes, 4 d'entre elles formeront l'équipage des manœuvres, qui pourront faire fonctionner *ad libitum*, suivant les besoins (soit ensemble, soit séparément), savoir :

1° Deux moteurs conjugués établis en sens vertical, pour faire monter et descendre le ballon sans perte de gaz ou de lest.

2° Deux moteurs horizontaux, destinés à obliquer, c'est-à-dire à infléchir la trajectoire de l'aérostat.

Elle sera munie de son gouvernail et de deux instruments de contrôle, tels qu'ils se trouvent décrits dans ma lettre du 5 décembre 1870.

La livraison aura lieu en gare d'Orléans, dans le délai de 20 jours, qui prendront cours au moment où l'ordre de commencer les travaux me sera transmis.

Si, après expérimentation, je jugeais à propos d'y faire quelques modifications, ces travaux supplémentaires seraient exclusivement à ma charge.

Il est bien entendu que la nacelle sera établie de manière à pouvoir s'adapter à *un ballon définitif.*

Agréez, etc.

(Signé) Le docteur VAN HECKE

Je respirais enfin ! J'allais pouvoir construire une *nacelle sérieuse*, destinée à être adaptée à *un ballon définitif.* Dans quelques jours (car je comptais bien que M. le Ministre, selon son habitude, ne tarderait pas à me faire transmettre l'ordre de commencer les travaux), j'allais donc réaliser mon vœu le plus cher : rendre service à la France !

Ai-je besoin d'ajouter avec quel serrement de cœur je lus la foudroyante missive que je reçus le jour suivant :

Ministère des Travaux publics.   Paris, le 15 décembre 1870.
Commission des moyens de Défense.

A M. le Docteur Van Hecke, 77, boulevard Saint-Germain.

La Commission d'étude des moyens de défense n'a pour mission actuelle, en ce qui concerne votre invention, que de s'assurer, par des expériences, de l'efficacité de votre système d'hélices. Elle ne peut donc répondre à la proposition que vous m'avez adressée, ayant pour but l'acquisition d'une nacelle avec un double système d'hélices conjuguées.

J'ai l'honneur, en conséquence, de vous confirmer la lettre que je vous ai adressée il y a deux jours, et par laquelle je vous demande à quelles conditions vous pourriez nous fournir une hélice *pour nos expériences,* sans qu'il soit question, pour le moment, de nacelle ou autres accessoires.

Recevez, Monsieur, l'assurance de ma considération la plus distinguée.

L'Inspecteur général, président de la Commission.
(Signé) RAYNAUD.

C'était à en perdre la tête ! Quoi, c'était *pour leurs expériences* qu'ils me demandaient un *fragment* de ma nacelle, pour l'adapter eux-mêmes à *un ballon définitif.* Cela me confond ! Il est impossible que M. Dorian, patriote ardent et résolu, sachant dans quelle horrible situation la France se trouve, puisse avoir songé à faire recommencer cette kyrielle d'expédients dont le Comité d'initiative a donné l'exemple, mais dont le bon sens public a déjà fait justice ! Il doit y avoir là un malentendu... tout au moins.

Pour en avoir le cœur net, je me décide à me rendre sur-le-champ au Ministère des Travaux publics, plutôt que d'écrire à M. Dorian.

En passant devant la loge de la concierge, celle-ci court après moi et me remet le billet suivant :

Ministère des Travaux publics.   Paris, le 14 décembre 1870.
Cabinet du Ministre.

A Monsieur le Docteur Van Hecke, 77, boulevard Saint-Germain.

Je vous prie de vouloir bien venir au ministère demain jeudi, 14 décembre, entre 11 et 2 heures ; j'aurais besoin de quelques indications de votre part pour faire aboutir l'idée dont nous parlions aujourd'hui.

Agréez, Monsieur, l'assurance de mes sentiments très distingués.

(Signé) CARNOT.

Il était onze heures du matin au moment où cette lettre me fut remise, et qui venait d'autant plus à propos qu'elle avait plus d'importance, ainsi qu'on va pouvoir en juger : J'avais eu l'occasion d'entretenir M. Carnot de la possibilité de trouver dans les ateliers de MM. Godard, à la gare d'Orléans, ou dans ceux de MM. X..., *un ballon en soie tout fait.* Cela avait un double avantage pour la France : *économiser* le bénéfice que j'aurais pu trouver, comme M. Dupuy de Lôme, dans la construction d'un équipage aérien, et *avancer de 15 à 20 jours* le moment de mon départ.

Je continuai donc à me diriger vers le Ministère, où M. Carnot m'attendait. Je lui communiquai tout d'abord la lettre que je venais de recevoir de la Commission d'étude des moyens de Défense.

M. Carnot, après l'avoir parcourue, me dit :

— Ne nous occupons pas de cette missive, et soyez persuadé que personne ne parviendra à entraver la volonté formelle de M. le Ministre des Travaux publics. Avez-vous reçu ma lettre !

— Je l'ai reçue au moment où je me disposais à me rendre ici.

— Fort bien. Voici ce dont il s'agit : vous m'avez dit hier que vous croyiez à la possibilité de trouver un ballon de soie tout fait chez MM. Godard, à la gare d'Orléans, ou à l'usine de MM. X... ; mais M. le Ministre est bien résolu de vous charger de la construction d'un ballon en soie, en un mot, d'accepter la proposition que vous lui avez faite par votre lettre du 5 courant. Vous renonceriez donc à cette construction qui doit naturellement vous offrir une indemnité de toutes les peines que vous vous êtes données déjà ?

— Monsieur Carnot, je n'ai jamais eu la pensée d'offrir mes services à la France en vue d'y trouver un avantage financier, et j'y persiste.

— Puisque vous persistez dans cette résolution qui vous honore, j'ai besoin, avant de répondre à votre proposition, de prendre les ordres de M. le Ministre. Excusez moi de vous quitter un instant.

Quelques minutes après, M. Carnot revint me rejoindre et me dit :

— M. le Ministre, appréciant votre désintéressement et votre dévouement à la France, accepte l'un et l'autre, et me charge de vous remercier au nom du Gouvernement. Il vient de donner à l'instant même à son chef de cabinet l'ordre de préparer un mot d'introduction auprès de MM. Godard et MM. X..., relativement à l'objet en question.

Deux minutes plus tard, M. Vée, chef du cabinet, vint me remettre cette introduction officielle, conçue comme suit :

Ministère des Travaux publics.   Paris, le 15 décembre 1870.
  Cabinet du Ministre.

—

M. le Docteur van Hecke est invité à examiner les ballons qui se trouvent à la gare du chemin de fer d'Orléans et dans les ateliers de MM. X...

Je prie les Directeurs de ces établissements de lui faciliter cette visite.

Le Chef du cabinet.

(Signé) L. VÉE.

Je me mis immédiatement en route pour la gare d'Orléans. Je m'y adressai à MM. Godard, auxquels j'exhibai la pièce ministérielle, et ces messieurs, qui me connaissaient de longue date, m'accueillirent avec la plus grande courtoisie. Ils me firent parcourir tous les ateliers, renfermant un grand nombre d'hommes et de femmes, les uns et les autres occupés à couper, à coudre et à vernisser des losanges, tous en coton, et qui, par leur assemblage, devaient constituer les ballons des Postes. Je remarquai en outre plusieurs ballons déjà confectionnés, tous d'une même dimension (20 mètres de diamètre), les uns encore vides, suspendus aux fermes de la gare, les autres gonflés de gaz et prêts à partir. Mais je ne vis nulle part le moindre vestige d'un ballon de soie. J'en fis la remarque à MM. Godard, qui me répondirent qu'on ne leur avait pas fait cette demande, et que, d'ailleurs, ils pouvaient à peine suffire aux besoins de la Poste.

C'était ce qu'il m'importait de savoir, et je pris congé de ces messieurs en les remerciant du bon accueil qu'ils m'avaient fait. Puis je me rendis aux ateliers de MM. X..., où je remarquai tout d'abord un grand afflux de monde. Je suivis la foule à droite et à gauche, partout où j'espérais trouver l'objet de mes recherches. Enfin je finis par me trouver au 1er étage, en face d'un ballon en soie, étendu sur le plancher, et paraissant avoir environ 10 mètres de diamètre. C'était bien ce qu'il me fallait. A côté de ce ballon se trouvait une très petite nacelle contenant une petite machine à vapeur munie d'*hélices horizontales*. C'était évidemment l'équipage d'un confrère se disposant à lutter *contre les vents*.

En ce moment, un homme s'approche de moi et me dit brusquement :

— Qui vous a donné le droit d'examiner tout cela comme vous le faites !

— Je ne croyais pas commettre d'indiscrétion, Monsieur, en m'arrêtant devant un objet que je trouve très intéressant, et que toute la foule qui se trouve ici a pu examiner comme moi.

— C'en est une, Monsieur.

— Veuillez m'excuser, dans ce cas, car elle est d'autant plus incomplète que je cherche depuis longtemps un des chefs de la maison pour être renseigné plus amplement.

— Vous êtes en présence de l'un d'eux ; que lui voulez-vous ?

— Que vous preniez connaissance d'une mission qui m'a été confiée par le Gouvernement.

Je lui remis la missive ministérielle, qu'il me rendit après l'avoir lue. Cette lecture, à mon grand étonnement, devait l'avoir froissé, puisque, se redressant de toute sa hauteur, il me dit :

— Je me f...che du tiers et du quart, voilà ma réponse.

— Dans une heure, le Gouvernement connaîtra votre réponse. A ce mot, se posant moi, en m'empêchant de partir :

— Voyons, expliquez-vous, et soyez bref, car je suis pressé.

— Ce ballon est-il à vendre ?

— Non.

— Pas même à la demande de M. le Ministre des Travaux publics, qui est prêt à vous en offrir un bon prix ?

— Non.

— Lors même qu'il s'agirait de rendre un grand service à la France ?

— Non, mille fois non ! Me comprenez-vous enfin ?

— Vous vous êtes expliqué si catégoriquement que vous pouvez en être persuadé.

J'étais encore renseigné de ce côté. Me retrouvant sur le quai, je ne pus m'empêcher de me dire : Comme j'ai été bien inspiré en me chargeant de trouver un ballon en soie tout fait ! et que je dois être enchanté de rendre compte au Ministre de l'aimable et gracieux accueil qui vient de m'être fait ! J'étais littéralement anéanti !

Après avoir traversé tout le quartier, j'avais eu le temps de réfléchir, et mon parti fut pris... irrévocablement pris.

Le lendemain, je me rendis au Ministère des Travaux publics et je fis connaître à MM. Vée et Carnot que je n'avais trouvé, ni chez MM. Godard, ni chez MM. X..., aucun ballon en soie... *à vendre ou à acheter.* (On me pardonnera, je l'espère, l'addition de ces cinq derniers mots, puisque, de cette façon, je reste dans la vérité et j'assure le succès de mon nouveau projet.) Bref, je finis par leur dire que j'avais trouvé à la gare d'Orléans plusieurs ballons des Postes, dont l'un d'eux pourrait faire mon affaire.

L'étonnement de ces messieurs, et auquel je m'attendais, dépassa mes prévisions. Dans leurs exclamations qui se croisèrent, et où je pus reconnaître leur sympathie pour moi, je ne relèverai que ces mots :

— Mais ces ballons des Postes, nous avez-vous dit, ont une dimension énorme, sont construits en coton, et ne peuvent satisfaire aux exigences d'un « *voyage en retour* », ni donner aucune sécurité aux aéronautes !

— J'aurais bien désiré, sans doute, avoir un ballon en soie de puissance convenable et complètement imperméable au gaz hydrogène, afin de pouvoir prolonger le voyage suivant les nécessités ; mais comme un tel ballon me fait défaut et que le temps nous presse, et nous presse d'autant plus que nous voyons 500 malheureux mourir journellement de froid et d'inanition, mon parti est pris... irrévocablement pris ! Dussé-je y laisser ma vie, je suis résolu de partir avec un ballon des Postes, *et de revenir avec ce ballon à Paris.* Advienne que pourra ! Ne nous occupons donc plus que de la nacelle, et veuillez me dire ce que j'ai à répondre à la lettre de la Commission d'étude des moyens de Défense, que je vous ai communiquée.

— Veuillez revenir demain au Ministère, vers 10 heures, et ne faites aucune réponse en attendant.

Le lendemain, 17 décembre, je ne pus voir MM. Vée et Carnot que vers midi, ces messieurs ayant été retenus jusque-là auprès de M. le Ministre.

Après m'avoir dit, de la part de M. Dorian, que je n'avais plus un mot à répondre aux lettres de la Commission, l'un d'eux me demanda si j'étais disposé à me charger d'une dépêche confidentielle pour MM. X...

— Je suis entièrement à votre disposition, et me trouverai heureux de pouvoir vous être utile de quelque manière que ce soit.

Le 18 décembre, à 2 heures de l'après-midi, je traversai les remparts, en exhibant cet écrit :

Ministère des Travaux publics.   Paris, le 17 décembre 1870.
  Cabinet du Ministre.

—

Laissez passer M. le docteur Van Hecke chargé de dépêches.
    Valable le 18 décembre 1870.

(Signé) L. VÉE.
Chef du cabinet.

A mon retour à Paris, et après avoir rendu compte de la mission qui m'avait été confiée, j'appris de MM. Vée et Carnot que la Commission d'étude des moyens de Défense recevrait dans la journée (19 décembre) une réponse à la lettre qu'elle m'avait écrite, et que cette réponse couperait court à toute discussion par l'arrêté que venait de prendre M. le Ministre ; que cet arrêté, passant par-dessus la tête de la Commission, et la mettant dans la nécessité de se démentir elle-même, serait un désaveu complet de sa manière d'agir ; bref, que l'opinion du M. le Ministre était suffisamment éclairée sur l'efficacité de mon système, par le Rapport de l'Institut de France, pour ordonner l'application immédiate de mon projet de défense.

Je fus, naturellement, fort satisfait d'apprendre cette bonne nouvelle, et j'espérais bien, cette fois-ci, être au bout de toutes mes tribulations. En effet, je reçus, non pas le 19 décembre, mais *le 24 décembre*, une lettre de la Commission d'étude des moyens de Défense, dans laquelle il n'était plus question de mettre à sa disposition un *fragment* de ma nacelle, sous prétexte de l'expérimenter pour en connaître l'*efficacité*. M. le Ministre, dont l'opinion était fixée sur ce dernier point, ne songeant qu'à venir en aide à la France par tous les moyens en son pouvoir, passe résolument par-dessus la tête de la Commission, par son arrêté du 19 décembre, conçu dans les termes suivants :

Ministère des Travaux publics.   Paris, le 23 décembre 1870.
Commission des moyens de Défense.

—

A Monsieur le docteur Van Hecke, 77, boulevard Saint-Germain.

Monsieur,

J'ai l'honneur de vous informer qu'une dépêche de M. le Ministre des Travaux publics, en date du 19 *décembre courant*, renferme un passage ainsi conçu :

« Les dispositions présentées par le docteur Van Hecke, pour la nacelle et ses
« divers organes, paraissant ingénieuses et de nature à donner de bons résultats, je
« crois utile de hâter la réalisation d'un projet dont l'importance pour la guerre
« actuelle, dépendra évidemment de la rapidité de son exécution.
« J'autorise donc la construction de cette nacelle, dont la dépense est évaluée à
« 2,500 francs, et je vous prie d'en aviser le docteur Van Hecke. »

Agréez, Monsieur, l'assurance de ma considération la plus distinguée.

L'Inspecteur général,
président de la Commission.

(Signé) RAYNAUD.

Arrêtons-nous un instant à cette lettre, qui est l'antipode de celle que la Commission m'écrivait le 15 décembre, pour faire une simple remarque :

La Commission reçoit la dépêche de M. le Ministre des Travaux publics *le 19 décembre*, et elle attend jusqu'au 24 *décembre* avant de se décider à m'en aviser et à me transmettre l'ordre de commencer la construction de ma nacelle « *dont l'importance pour la guerre actuelle* « *dépendait de la rapidité de son exécution* ».

En présence d'un fait semblable et d'une situation si grave, je me demande :

Si une telle négligence, apportée dans l'exécution d'un ordre émanant de son chef hiérarchique, et *motivé comme il l'est*, ne donne pas la mesure de l'ardeur patriotique de la Commission d'étude des moyens de Défense, et si la France pourra lui reprocher d'être venue à son aide *par tous les moyens en son pouvoir*, en un mot, d'avoir **combattu à outrance !**

Je pose ce point d'interrogation auquel le plus humble campagnard, le plus modeste journalier *français*, a plus que moi, qui suis étranger, le droit de répondre : l'amour de la patrie devant, dans un danger commun, faire battre tous les cœurs à l'unisson, depuis le haut jusqu'au bas de l'échelle sociale, sans exception de partis, quels qu'ils soient, sous peine de dégradation pour ceux qui failliraient à ce devoir civique.

Cette remarque faite, je reprends mes récits :

Dès que cette lettre me fut parvenue, je me rendis sans perdre un instant au Ministère des Travaux publics, où je fus immédiatement introduit auprès de M. Dorian.

— Monsieur le Ministre, j'ai reçu ce matin, 24 décembre, une lettre de la Commission d'étude des moyens de Défense, qui m'informe de la décision que vous avez prise au sujet de mon projet de Défense, et j'ai hâte de venir vous exprimer mes vifs remerciements pour le favorable accueil que vous avez daigné lui faire.

— Vous n'avez, Monsieur, à me remercier d'aucune façon. Je n'ai rempli que mon devoir en vous mettant à même de rendre un important service à la France, et vous m'obligerez personnellement en prenant vos mesures pour être prêt dans le délai que vous avez fixé vous-même par votre lettre du 13 courant, c'est-à-dire dans 20 jours à compter du 19 de ce mois, date de l'arrêté que j'ai pris et dont vous avez, me dites-vous, reçu communication.

— Monsieur le Ministre me permet-il de lui faire remarquer que ce n'est pas le 19, mais seulement le 24 *décembre*, c'est-à-dire ce matin que cette communication m'a été faite ?

Prenant la lettre de la Commission, je la remis entre les mains de M. Dorian, en lui disant :

— Voici la preuve de ce que j'avance.

M. le Ministre jeta un coup d'œil sur la lettre, examina le timbre de la poste sur l'enveloppe, puis me rendit ce document, en me disant :

— Votre observation est juste. Leur mauvais vouloir est indéniable. Songez donc à combattre à outrance avec des auxiliaires aussi zélés, aussi résolus à me seconder !... Pauvre France !

— Faut-il, Monsieur le Ministre, interpréter ces paroles comme un renoncement au projet de construction de ma nacelle aéronautique ?

— D'aucune façon. Un système qui a été favorablement accueilli par l'Institut de France peut se passer de toute autre sanction pour être utilisé pour la Défense nationale. Pressez donc la construction de votre appareil, et tâchez, s'il est possible, de regagner les cinq jours qu'on vient de nous faire perdre.

— Je ferai de mon mieux, Monsieur le Ministre.

En sortant du Ministère, je me fis conduire chez mon mécanicien, qui, ce jour-là, faisait son tour de faction aux remparts. Me souvenant de quelle manière j'avais déjà obtenu une dispense pour lui, je courus de nouveau auprès de l'autorité, et je n'eus qu'à exhiber la missive ministérielle pour obtenir à l'instant la faveur que je sollicitais. Vingt jours après, ma nacelle, entièrement terminée, fut chargée sur le camion qui la transporta à la gare d'Orléans, à l'heure convenue avec la Commission d'étude, pour y être adaptée à un ballon définitif.

Quelle fut ma stupéfaction en voyant une gare aussi silencieuse que complètement déserte. Il n'y avait plus aucun ballon, pas même celui de M. Dupuy de Lôme qui m'y avait donné rendez-vous.

Après avoir attendu une demi-heure environ, sans voir arriver personne, je me dirige vers le bâtiment de l'Administration et j'ai la chance d'y trouver encore un être vivant.

— Monsieur, veuillez m'excuser si je viens vous troubler dans votre profonde solitude. Je désirerais obtenir quelques renseignements dont j'ai absolument besoin. Pouvez-vous m'expliquer pourquoi cette gare, que j'ai vue, il y a quelques jours, si pleine d'animation...

— Mais vous ne savez donc pas, Monsieur, qu'il y pleut des obus, et que tout le monde a dû s'enfuir (en ce moment un éclat formidable se fit entendre), tenez, en voilà encore un. C'est le quatrième depuis ce matin... aussi, je m'attends de minute en minute à en voir arriver jusque dans ce bureau. Mais, quoi qu'il arrive... on me trouvera à mon poste... pour répondre de tout et à tout.

— Cela se trouve d'autant mieux que je voudrais vous demander... pendant que vous êtes encore là...

— Et entièrement à vos ordres, Monsieur. De quoi s'agit-il ?

— J'ai là, à l'entrée de la gare, un camion chargé d'une nacelle aéronautique destinée à être adaptée à un ballon des Postes, en vue de faire, avant le départ définitif, quelques expériences comparatives avec celle de M. Dupuy de Lôme. Vous voyez qu'il s'agit d'une espèce de steeple-chase aérien qui, par cette pluie d'obus, n'aurait pas manqué... d'éclat.

— Je suis bien de votre avis ; mais c'est justement à cause de tout cela que MM. Godard ont dû si précipitamment quitter ces parages avec tout leur attirail, pour aller s'installer à la gare de Strasbourg. Je vous conseille, dans votre intérêt, d'aller les rejoindre au plus vite ; car il fait *trop chaud* ici (textuel) (1).

— Je vous remercie, Monsieur, de m'avoir si bien renseigné sur tout ce qu'il m'importait de savoir.

Ma nacelle détruite...

En rejoignant mon charretier à l'entrée de la gare, j'appris de lui que le cheval, effrayé par l'éclat d'obus dont je viens de faire mention, avait si rapidement tourné sur lui-même, que la nacelle s'étant à moitié renversé, avait projeté la nacelle sur le pavé, où elle s'était malheureusement tordue et disloquée de fond en comble. Le charretier avait

(1) Le thermomètre marquait environ 8 degrés de froid.

déjà pu remettre le tout sur le camion, et je ne pûs que lui savoir gré de son zèle, le pauvre garçon déplorant cet accident et s'en étant aussi fortement émotionné que moi-même. Nous prîmes le chemin de la gare de Strasbourg, et, 2 heures plus tard, ma nacelle, si bien portante le matin, si affreusement blessée à cette heure, fut installée dans une salle spacieuse que M. le directeur s'était empressé de mettre à ma disposition.

Dès le lendemain, les mécaniciens se mirent à la besogne pour la remettre en bon état. Ce n'était pas une petite cure, par malheur. Pendant ce travail, je reçus de la Commission d'étude des moyens de Défense la lettre suivante :

Ministère des travaux publics.   Paris, le 20 janvier 1871.
Commission des moyens de Défense.

Monsieur,

Deux des membres de la Commission d'étude des moyens de Défense se sont rendus aujourd'hui à la gare de Strasbourg ; ils ont constaté que, conformément à l'avis que vous m'avez donné, votre nacelle aéronautique se trouve dans les locaux de cette gare affectée au service des ballons, et que l'on travaillait à son installation.

Aussitôt que ce travail sera terminé, je vous prie de faire suspendre la nacelle à l'une des fermes de la gare, afin que l'on puisse procéder aux essais dynamométriques sur la force de propulsion des hélices.

Vous voudrez bien m'informer lorsque ces préparatifs seront terminés.

Recevez, Monsieur, l'assurance de ma considération la plus distinguée.

L'Inspecteur général,
président de la Commission.

(Signé) RAYNAUD.

A M. le docteur Van Hecke, 77, boulevard Saint-Germain.

Cette lettre étant arrivée, le 21 janvier, au moment où j'étais déjà parti pour rejoindre mes ouvriers à la gare de Strasbourg, je n'en eus connaissance qu'à 10 heures du soir.

En voyant la Commission avoir recours à un nouvel expédient, et toujours dans le but de me faire perdre du temps, je me rendis le 22, de grand matin, auprès de M. Dorian, en lui disant :

— Monsieur le Ministre, la Commission d'étude des moyens de défense vient de m'écrire la lettre que voici : elle m'invite à faire suspendre ma nacelle, qu'on est en train de réparer, non pas au ballon, mais à l'une des fermes de la gare, afin de pouvoir faire des expériences dynamométriques sur la force de propulsion de mes hélices.

Je viens vous prier de me dire si, *à la vue d'un incendie qui menace de tout dévorer, c'est bien le moment de faire des expériences sur la valeur relative des pompes à feu,* **au lieu de s'en servir de suite ?**

La réponse du Ministre fut aussi prompte que décisive :

— Veuillez, Monsieur, faire suspendre votre nacelle directement au ballon, et hâter votre départ, qui n'a été malheureusement que trop retardé déjà.

— Ce sera fait, Monsieur le Ministre. Faut-il en informer la Commission ?

— N'y faites plus la moindre attention, et correspondez directement avec moi, s'il y a lieu. Quand votre nacelle sera-t-elle entièrement réparée et prête à partir ?

— Dans quatre ou cinq jours, en y travaillant de jour et de nuit.

— C'est bien. Ne perdez pas une minute. Voilà tout ce que je vous demande.

— C'est bien mon intention, Monsieur le Ministre.

Une heure après, j'avais rejoint mes ouvriers à la gare de Strasbourg, et, comme je les vis courageusement occupés de la besogne qu'ils connaissaient à fond, j'eus le temps de lire les journaux qui rendaient compte de l'attaque de Buzenval, où les troupes françaises, victorieuses le matin, avaient, le soir, dû battre en retraite, à cause de la concentration formidable de soldats et de canons que l'ennemi était parvenu à leur opposer.

Dès ce moment, et pendant toute la nuit, cette attaque de Buzenval fut mon unique pensée, jusqu'au moment où une inspiration soudaine me fit tressaillir. Je me levai sur-le-champ et j'écrivis à M. Dorian la lettre suivante :

Deuxième projet de Défense.

Paris, le 23 janvier 1871.

A M. Dorian, Ministre des Travaux publics.

Monsieur le Ministre,

J'ai l'honneur de vous communiquer un deuxième projet de Défense :

Le moyen que je propose n'a pas seulement pour but de faire une trouée à travers les lignes d'investissement, mais j'apporte l'idée à l'aide de laquelle on pourra entièrement débloquer la capitale dans l'espace de quelques jours.

On doit marcher vite quand l'épuisement est à courte échéance. Aussi, vais-je aller droit au but et m'expliquer le plus brièvement possible :

Les rapports officiels constatent qu'aux attaques *matinales* de Buzenval, l'ennemi n'a pu opposer une résistance efficace ; cela prouve qu'*en ce moment*, il n'était pas en force *sur les points attaqués*, et que, par conséquent, ses lignes d'investissement y étaient *peu profondes*.

Ces mêmes rapports constatent, en outre, qu'à la tombée du jour, c'est-à-dire après un intervalle de sept à huit heures, le corps d'armée, sous les ordres du général Trochu, a dû céder aux masses de troupes et d'artillerie que l'ennemi était parvenu à lui opposer ; ce qui prouve que, grâce à ses moyens de *communication*, il a pu **concentrer** assez de soldats et de canons pour faire battre en retraite les victorieux du matin.

Le rapprochement de ces deux faits me donne la conviction que la France peut avoir *un revirement de fortune*, et que c'est justement dans quelques retraites habilement amenées, qu'elle trouvera cette issue glorieuse et finale ; car mon projet a pour but de forcer l'ennemi à se *concentrer encore*, et si *souvent*, que ces concentrations (qui ont fait son succès à Buzenval) deviennent, par ma combinaison, **les auxiliaires les plus actifs de l'armée assiégée.**

Il est, en effet, démontré, par le simple calcul du temps écoulé entre l'attaque du matin et la retraite du soir, que l'ennemi a pu, dans cet intervalle, concentrer des soldats et des canons se trouvant *éparpillés à de grandes distances* (sept à huit lieues assurément), et non moins évident qu'*un déplacement pareil a dû fatiguer énormément les hommes et les chevaux.*

Si ces deux faits ne peuvent être contestés — et ils ne sauraient l'être — il ne doit y avoir qu'un plan à suivre : il faut renouveler les attaques sur tels ou tels points des lignes d'investissement *par le moyen que j'indique p us loin*, en faisant connaître à l'ennemi **que la trouée va être faite, coûte que coûte**, avec *l'intention bien arrêtée d'avance*, **mais tenue secrète**, *de ne faire de trouée qu'à un moment donné* (ce dont il sera question plus loin). Bref, il faut forcer l'ennemi à **se masser**, à **se concentrer**, n'importe sur quels points, *et toujours aussi éloignés que possible des attaques précédentes*, parce que ces déplacements *successifs*, et pour ainsi dire, **continus**, affaibliront et énerveront plus vite les forces de l'ennemi que les plus sanglantes batailles.

Dans ma conviction, le succès est là ; il n'est que là.

Si donc, en huit ou dix jours, un corps d'armée de Paris (je dis un corps ou une *portion de l'armée*, à déterminer) bat cinq ou six fois en retraite, le onzième jour, où *l'armée entière de Paris*, **de concert avec les armées du dehors**, fera une attaque et *une charge à fond*, sur un ou plusieurs points à la fois, ces armées (du dedans et du dehors), réunissant leurs efforts, ne trouveront plus de résistance capable de les arrêter. Ce ne seront plus des soldats que l'ennemi pourra mettre en ligne, puisque la fatigue et l'insomnie en auront fait des fantômes.

Mon plan — comme on voit — est une idée de médecin plutôt que celle d'un stratégiste.

Depuis deux jours, divers journaux exposent leurs projets et leurs plans de défense, en disant *tout haut* ce qu'ils proposent de faire.

Mon projet en diffère essentiellement :

1° Par l'idée qu'il prévoit la succès *dans une série de retraites* ; 2° en ne disant *tout haut* que le **contraire** de *ce qui doit s'accomplir*.

On comprend facilement que si l'ennemi s'apercevait de la tactique, il se garderait bien de masser et de concentrer ses forces, comme il l'a fait à Buzenval ; mais par le moyen que j'ai à faire connaître, *et dont l'application ne saurait éveiller dans son esprit le moindre soupçon*, le déblocquement de la capitale doit s'ensuivre et devenir pour la France, comme je le disais plus haut, **un revirement de fortune.**

Veuillez agréer, Monsieur le Ministre, l'assurance de mon profond respect et de mon entier dévouement.

(Signé) le docteur Van Hecke.

Nota. A cette lettre était jointe une feuille séparée, *tout à fait confidentielle*, contenant ce qui suit :

Le 18 *septembre* 1870 (voir page 2), j'ai fait savoir au Comité d'initiative *que l'application des aérostats au transport des dépêches par pigeons* pouvait devenir aussi **funeste** qu'*utile*, en ajoutant les raisons qui n'ont pu laisser le moindre doute à cet égard. Je lui ai dit également de quelle manière et par quel moyen il pouvait s'assurer de l'*utile* emploi de ces pigeons, c'est-à-dire connaître à coup sûr si, **oui** ou **non**, d'autres pigeons, *portant les mêmes dépêches*, n'auraient pu, dans leur vol au-dessus des lignes d'investissement, devenir la proie des assiégeants. Malheureusement, il n'a été tenu aucun compte de ces avertissements, et j'ai tout lieu de craindre qu'une grande quantité de pigeons (dont il a été fait une application des plus déplorables) ne soit tombée entre les mains de l'ennemi, et n'ait été **funeste** pour la France.

Je vais expliquer les motifs de cette crainte :

Quand les premiers pigeons ont fait leur apparition à Paris, la ville enthousiaste saluait leur arrivée par des applaudissements unanimes ; tandis que, fort inquiet, après avoir appris que les dépêches ne contenaient *aucune indication du nombre de pigeons qui avaient été lâchés en dehors des lignes d'investissement*, je me suis dit : **Dieu veuille que cet enthousiasme ne porte pas à faux !**... Car je ne pouvais ôter de mon esprit qu'une grande partie de ces pigeons ne se fût égarée en route et tombée aux mains de l'ennemi, qui aurait ainsi connu, *avant le Gouvernement de Paris*, le contenu des dépêches et des combinaisons secrètes que la Délégation avait cru devoir lui transmettre dans l'intérêt de la Défense. Chaque volée de pigeons aurait donc été *funeste pour la France*.

Dans cette supposition, il est indispensable (pour le succès du projet dont il s'agit) :

1° De continuer le lancement de pigeons comme d'habitude, c'est-à-dire *comme on l'a fait jusqu'ici*, ce qui ne présente aucune difficulté ;

2° De ne transmettre (**du dehors à Paris**) que des dépêches dont la France ait intérêt *que l'ennemi soit informé* ; car ayant toujours été bien renseigné par les pigeons, il ne doutera pas de la sincérité de ces dernières dépêches, dont vous êtes, Monsieur le Ministre, le maître absolu de *combiner la teneur, de même que toutes ses conséquences.*

Le reste se comprend sans qu'il soit nécessaire d'ajouter un mot de plus.

De votre patriotisme dépendra donc, Monsieur le Ministre, l'issue favorable du projet de Défense que j'ai l'honneur de vous communiquer, et dont — j'en ai l'intime conviction — peut dépendre **le salut de la France.**

(Signé) le docteur Van Hecke.

Après avoir adressé, sous enveloppe, ce projet de défense à M. le Ministre des Travaux publics, je retourne à la gare de Strasbourg, où je trouve mes mécaniciens travaillant avec la plus grande activité à remettre la nacelle en état. Ce travail a duré encore deux jours et deux nuits sans interruption, au bout desquels la nacelle, complètement terminée, a été transportée sous la gare, tout près du ballon auquel elle devait être définitivement adaptée. Puis, je retournai 77, boulevard Saint-Germain, où m'attendait un messager du Ministère des Travaux publics, m'invitant à me rendre, *toute affaire cessante*, auprès de M. Dorian. C'était le 25 janvier.

Je fus immédiatement introduit auprès du Ministre, qui me dit :

— J'ai lu très attentivement le projet de Défense que vous m'avez envoyé. Je le trouve très logique, et je crois, comme vous, qu'il peut amener d'heureux résultats pour la France.

Mais je ne suis pas commandant de la force armée, et ce n'est pas entre mes mains que ce projet de Défense devait être remis. Je vous engage donc à changer l'en-tête et l'adresse de la lettre, et à la faire parvenir de suite à M. Trochu, général en chef, qui, seul, a le pouvoir d'en ordonner l'exécution dans l'intérêt de la Défense, suivant qu'il le jugera convenable.

— Je suivrai votre avis, Monsieur le Ministre, mais, je vous l'avoue sincèrement, ce sera non sans regret ; car je pressens que j'aurai perdu mon temps et mes peines, et voici pourquoi : M. le général Trochu *ayant son plan à lui*, je doute fort, non qu'il veuille y substituer le mien, ce qui est hors de doute, mais se donner seulement la peine d'en prendre connaissance.

Après l'avoir recopiée à *l'adresse de M. Trochu, général en chef de l'Armée de Paris*, et mis la lettre à la poste, je retourne à la gare de l'Est, et je prie MM. les frères Godard de vouloir bien munir ma nacelle de tous les agrès et objets dont nous étions déjà convenus, et de prévenir les quatre soldats de marine (destinés à faire les manœuvres de l'équipage) à se tenir prêts, le départ ayant été fixé au 28 *janvier*, à 10 *heures du soir.*

Malheureusement, on m'a fait perdre **quatre mois** (quatre siècles, *selon mon calendrier*), et la fatalité a voulu que le *jour même* où mon départ allait avoir lieu, **la Capitulation** venait d'être signée !!..

Cette signature est, pour la France, un effroyable désastre, une immense infortune, dont je suis profondément touché, par sympathie pour elle. Ce n'est pas tout : à cette douleur, déjà si poignante, vient s'adjoindre une autre non moins vive : Après avoir fait, *depuis le premier jusqu'au dernier jour du Siège*, tant d'efforts pour établir **des communications assurées** *entre les deux parties du Gouvernement*, — avec la plus profonde conviction de pouvoir rendre ce service à la France — c'est une déception dont je ne me consolerai jamais !

TROISIÈME ET DERNIER ÉPISODE

Je ne m'occuperai pas de la guerre civile, dont les incidents, comme ceux du Siège de Paris, sont connus de toute la France. Je me bornerai à relever les *détails inconnus* qui s'y rattachent et qui doivent trouver leur place dans cet opuscule. Le premier, soulevant une question qui intéresse au dernier point le Code international du droit des gens ; les derniers — d'un intérêt plus général — et dont la révélation, j'en suis persuadé, produira dans toute la France (sans exception de partis, quels qu'ils soient) une très vive émotion :

D'après les conseils de M. le baron de Beyens, ambassadeur de Belgique à Paris, j'ai fait, *dès le 15 septembre 1870*, arborer sur ma demeure **le drapeau belge**, *afin de la préserver de tout dommage ou violation*, **comme territoire neutre**, pendant la guerre entre la France et l'Allemagne. *C'est dans le même but* qu'il m'a été délivré, à cette époque, par l'ambassade belge, un **certificat** constatant mon *identité* et ma *nationalité*, lequel certificat a été exhibé par le gardien de la propriété, mais auquel, pas plus qu'au drapeau, *aucun des belligérants* n'a voulu avoir le moindre égard. Et c'est ainsi que mon habitation a été complètement dévalisée et réduite en un tas de décombres (1).

---

(1) Ce désastre dont j'ai été victime (et qui est d'autant plus accablant qu'il frappe une nombreuse famille dont cette propriété était l'unique ressource) n'est plus un détail inconnu du siège de Paris, puisque plusieurs journaux en ont fait mention, ainsi que le prouve la note suivante que j'ai trouvée dans l'un deux, et que je copie textuellement : « M. le docteur Van Hecke est l'auteur : 1° *d'un Mémoire sur la locomotion* « *aérienne* ; 2° *d'une étude éthéro-graphique* faite sur une immense échelle (Atlas « universel de 400 cartes in-folio), indiquant les divers courants et contre-courants (*éter-* « *nels* ou alizés, *périodiques* ou moussons, *variables* ou incertains), existant sur le « globe. Ces ouvrages, *manuscrits*, ainsi que diverses collections, études et documents en « grand nombre, sont malheureusement perdus ; le bâtiment renfermant la bibliothèque « du docteur Van Hecke (après avoir servi d'écurie pour les chevaux d'un général prussien) « ayant été détruit pendant la guerre civile, et l'habitation entière, pillée et saccagée « de fond en comble, n'étant plus, à l'heure qu'il est, qu'un monceau de ruines. »

« Extrait du *Bulletin de l'Académie nationale*, juin 1872.

N'est-ce pas là une *violation flagrante de la garantie du droit des gens?* En d'autres termes : **la propriété des neutres** — *légalement et manifestement établie* — **ne doit-elle pas être respectée?**

Voici la teneur du procès-verbal de constat dressé, dès l'ouverture des portes de Paris, c'est-à-dire *le 6 juin* 1871, par M. Dorlin, huissier, demeurant à Paris, rue Lafayette, 53, assisté de M. Leleux, architecte, demeurant à Asnières, chemin de Colombes, 9, et dont la récapitulation des dommages et dégâts mobiliers et immobiliers s'élève à fr. 86,297,33.

Faisant remarquer que, dans cette première réclamation, il n'est fait aucune mention *d'un autre préjudice* résultant du désastre qui fait l'objet du constat, *et dont le gouvernement doit réparation aux termes des articles 1382, 1383 du Code*... (Préjudice dont il est question page 13).

« Déclarations, certificats et procès verbaux d'expertise relatifs à la réclamation « d'indemnité pour dommages et dégâts occasionnés pendant la guerre au petit châ- « teau des Couronnes, sis à Courbevoie, rue Saint-Denis, n° 263, propriété de « M. et Mme Van Hecke, sujets belges, lequel immeuble, comme tous les effets « mobiliers leur appartenant, se trouvent sous la garantie du Droit des Neutres.

« Le docteur Van Hecke nous a déclaré être breveté en France pour plusieurs « inventions, et demeurant à Courbevoie, dans la propriété qui fait l'objet de toutes « les réclamations énoncées ci-après; et de s'être présenté, le 14 décembre 1870, à « la légation de la Belgique pour réclamer aide et protection contre les éventualités « de la guerre et dont voici copie :

« *Le Ministre de Belgique en France certifie que M. Englebert-Théophile Van* « *Hecke, docteur en médecine, né à Oost-Eecloo, Flandre Orientale, le 19 juillet* « *1839, et demeurant actuellement dans sa propriété, sise à Courbevoie, n° 263, rue* « *St-Denis, a montré des pièces constatant sa nationalité Belge.*

« *Paris, le 14 septembre* 1879.

« *Pour le Ministre,*

« *Le Conseiller de Légation,*

« (Signé) *Th. de Bounder de Melsbrouck.*

« Ce certificat prouve non seulement sa qualité de Belge et de propriétaire, mais « sa détermination de faire respecter ses biens, meubles et immeubles, conformé- « ment au droit des neutres, le dit certificat ne pouvait, en effet, avoir un autre « but.

« Sur la recommandation expresse de monsieur l'ambassadeur il a fait, *le 15* « *septembre 1870*, arborer sur le sommet de sa maison, c'est-à-dire d'une manière « apparente, le drapeau belge, afin de préserver son domicile de toute violation et « de réquisitions, sous quelque prétexte que ce soit.

« Ces formalités remplies, après avoir établi un gardien, il s'est réfugié à Paris et « y est resté avec sa femme et ses enfants pendant toute la durée du siège. Ce « n'est qu'à son retour à Courbevoie dans sa propriété (le 15 mars 1871), qu'il a pu « voir :

« 1° Que, malgré la vue du drapeau belge, arboré sur le toit de la maison princi- « pale, le certificat du ministre belge et les protestations du gardien, la propriété « avait été successivement envahie par les *gendarmes, les mobiles de Paris, les* « *bretons, les lignards et les troupes allemandes*; que les bâtiments bordant la rue, « ainsi que la maison principale avaient été occupés par des postes de 30, 40 et 50 « hommes ou plus; que le service central du télégraphe y avait été établi; que sa « salle de dessin (parquetée) renfermant sa bibliothèque, composée de précieuses « collections, livres, plans et dessins, etc (suivant les états détaillés ci-après), avait « servi d'écurie pour les chevaux du général en chef de l'armée prussienne.

« 2° Que les portes de sa cuisine et de ses souterrains étaient enfoncées, que les « vins et provisions de sa cave (dont le détail sera indiqué ci-après), sa bibliothè- « que et d'autres objets et accessoires avaient été pillés, brûlés et saccagés.

« Pendant qu'il s'occupait de faire dresser un état estimatif des objets disparus « ou saccagés, la lutte à repris, et c'est à Courbevoie (le 2 avril 1871), qu'à eu lieu « le premier combat de la guerre civile dont il mentionne, en ce qui le concerne, « très sommairement, les faits par ordre de date:

« Le 9 avril, l'armée de Versailles établissait, *derrière sa propriété*, une batterie « de campagne, et elle attaque les gardes nationaux qui occupaient le pont des cou- « ronnes.

« Le 10 avril, les gardes nationaux élèvent, *devant sa propriété*, une barricade « dont le bout s'appuyait sur sa propriété, et le 17 avril (après avoir crénelé les « murs du jardin, ceux des bâtiments, ainsi que les toitures), il y a combat entre eux « et les soldats de Versailles qui débouchaient du château de Bécon. Le même « jour, à midi, le petit château des Couronnes devient le poste principal de l'armée « de Versailles (dans l'attaque d'Asnières).

« Le 22 avril, l'armée de Versailles monte une batterie formidable *en face de sa* « *propriété* (chez M. Delaunay, propriétaire de la Tour).

« Prévoyant que cette batterie devait inévitablement occasionner la destruction du « petit château des Couronnes, il s'est rendu auprès de l'officier commandant, lequel « s'est borné à répondre à ses protestations et à ses supplications, qu'il n'avait pas « le droit de modifier, en quoi que ce soit, la consigne qu'il avait reçue.

« De ce moment, le docteur Van Hecke comprit que le petit château des Couronnes « ainsi que la Tour étaient *résolument sacrifiés à la défense*, et les événements n'ont « pas tardé à justifier ses prévisions.

« En effet, les batteries de Montmartre, de Levallois, du chemin de fer et des « remparts de Paris, répondant aux feux de la batterie de la Tour, bombardent « celle-ci et sa propriété (le petit château des Couronnes) de telle façon que, dans « la nuit du 27 avril, il a été obligé d'abandonner son habitation, qui s'effondrait « sous les obus.

« C'est en fuyant à travers champs et en courant les plus grands dangers qu'il est « parvenu, avec ses quatre plus jeunes enfants, à atteindre le village de Bezons, et, « comme ils étaient dénués de tout, ils y seraient morts de faim, si son beau-frère, « M. Masy, de Bruxelles (ex-directeur de la Société générale d'exploitation des « chemins de fer de Belgique), n'avait eu la bonté de lui envoyer quelques sommes « d'argent par la poste.

« A son retour à Courbevoie (aussitôt l'ouverture des portes de Paris, le samedi « 3 juin 1871), il retrouve sa propriété pillée et les bâtiments en ruines et en décom- « bres.

« En résumé, la maison principale est au tiers détruite, et tous les meubles du « premier étage et des combles (dont il est fait un état détaillé ci-après) ont été « brisés. Quant aux deux bâtiments qui bordent la rue, celui de gauche en entrant « est à moitié anéanti; c'est celui qui servait, au rez-de-chaussée, de salle de des- « sin, de bibliothèque, et, au premier étage, de magasin et dépôt d'appareils et de « modèles, etc. Celui de droite en entrant est complètement effondré; il se com- « posait de la buanderie, d'un cabinet de bain, d'une salle de dépôt d'objets fabri- « qués, d'outillages, de métaux divers, etc.

« Tout ce que contenaient ces deux bâtiments a complètement disparu ; en un « mot, sa ruine est complète; car, en perdant son matériel industriel et ses instru- « ments de travail, il perd (pour lui et sa nombreuse famille, composée d'une femme « et neuf enfants dont pas un n'est encore capable de gagner sa vie) tout moyen « d'existence.

« Dans une position aussi malheureuse et se trouvant sous la garantie du Droit « des Neutres, M. et Mme Van Hecke réclament : 1° une juste indemnité des dom- « mages et dégâts occasionnés par la guerre ; 2° par provision, à valoir en compte, « un *secours immédiat* dont ils ont le plus pressant besoin. (Suit *le détail* des pertes « immobilières et mobilières — trop long pour pouvoir être mentionné ici — et dont « l'énumération se trouve dans la copie du constat qui a été signifiée au Gouverne- « ment.) »

Cette situation étant ainsi, très respectueusement, soumise à qui de droit, je continue le récit des **détails inconnus du Siège de Paris :**

Lorsque, le 15 mars 1871, j'arrivai avec ma famille dans ma propriété, j'appris du gardien que toutes les pièces du rez-de-chaussée et du premier étage du bâtiment principal étaient occupées par un grand nombre de soldats allemands, mais que le deuxième étage était complètement libre. Quelques minutes après nous y fûmes installés.

Le même jour, vers la brune, un officier vint très poliment me saluer et — s'exprimant en français avec *moins d'accent* que moi — me dit :

— Veuillez me pardonner, Monsieur, si je vous dérange. Ma visite, du reste, ne sera pas longue, car je n'ai que quelques mots à vous dire : quand on s'est introduit ici, la maison n'était pas habitée, et on s'y est installé comme partout où l'on trouvait des logements disponibles. Mais à votre arrivée, et après avoir appris la gêne que nos soldats allaient vous occasionner, j'ai hâte de venir vous informer qu'ils vont quitter votre demeure.

— Je vous remercie, Monsieur de la démarche que vous venez de faire et dont j'apprécie toute la courtoisie. C'est pourquoi je m'empresse à mon tour de vous répondre que leur présence ne me gêne aucunement, ma famille s'étant déjà installée et trouvant ici plus de place qu'il ne lui en faut.

Pardonnez-moi si j'insiste...

— Vous y perdrez votre temps. Quand je prends une résolution, j'ai pour habitude d'y persévérer. C'est vous dire que vous ne sauriez me faire changer d'avis ni m'empêcher de vous avoir répondu comme je l'ai fait.

— Je suis vraiment confus, Monsieur, de tant de politesse... envers des ennemis...

— Ce dernier mot n'est pas correct. Je ne suis ici que le docteur Van Hecke, et le drapeau qui flotte sur ma demeure vous prouve que je suis de nationalité Belge. Je ne suis donc pas belligérant, puisque la Belgique est en état de paix avec la France et l'Allemagne.

— Je suis charmé de ce que je viens d'apprendre. Non seulement on respire plus librement sur un territoire neutre, mais l'hospitalité qu'on y reçoit devient moins gênante de part et d'autre. Vous me disiez, Monsieur, que vous n'étiez pas l'ennemi des Allemands, par la raison que vous n'êtes pas belligérant. Hé bien ! moi, je suis belligérant et je ne suis pas, et je ne saurais être l'ennemi des Français.

— Comment cela ?

— Ma mère est française et nous aimons tous deux la France. Comprenez-vous, Monsieur, à quel point cette situation est affreuse?

— Je comprends... Je comprends que j'ai manqué de civilité en vous laissant là, debout, au lieu de vous inviter à me faire l'honneur de vouloir bien vous asseoir à mon foyer.

A cette invitation, toute spontanée, je vis non seulement les traits de l'officier s'animer, mais une larme briller dans ses yeux. Je n'étais, je l'avoue, guère moins ému que lui, et, deux minutes après, nous fûmes assis, l'un près de l'autre, comme auraient pu le faire de vieux amis. Je repris le premier la parole :

— Vous me demandiez, Monsieur, si je comprenais les tourments d'un homme qui aime la France et qui est forcé de lui faire la guerre? Non seulement je comprends à quel point cette situation est affreuse, mais je maudis toutes les guerres quelles qu'elles soient, comme des monstruosités au point de vue humain, comme destructives de toute idée de civilisation, de progrès, de liberté, n'amenant à leur suite que la ruine et la haine des peuples qui les subissent et en sont fatalement les victimes. Si deux nations ont quelque différent qui les divise ou les froisse, qui les empêche de soumettre ce différent à un arbitrage, comme le font deux plaideurs, quoi de plus simple, de plus naturel, de plus logique, de plus équitable, en un mot, qu'une sentence arbitrale, loya- lement rendue? Mais quel est le roi, quel est l'empereur, qui s'y résou- dront? Allons donc ! qu'on égorge d'abord un demi-million d'existences humaines! on aura bien — après ces massacres — tout le temps de nommer des arbitres pour se faire attribuer — *de gré ou de force* — **des indemnités de la guerre,** d'autant plus écrasantes que le cortège funèbre de la famine et des maladies endémiques, si meur- trières, ne vient que trop souvent, hélas ! s'appesantir sur le reste des survivants de ces épouvantables champs de carnage! Ah! si les peuples, *qui payent ces exactions du fruit de leur travail*, voulaient mettre un terme à ces monstruosités que condamne et flétrit l'humanité !... S'ils comprenaient enfin leurs intérêts et leurs droits légitimes!...

— Ils le voudront... le comprendront, et, l'instruction aidant... le temps approche...

— Je le souhaite de toute mon âme. Malheureusement, *tant que la force primera le droit* — selon la sinistre formule moderne — je crains bien que, sous le plus futile prétexte et à l'aide d'un système qui rappelle si bien celui des grands flibustiers féodaux de la France, de l'Allemagne, de l'Angleterre (je devrais dire du monde entier pour en finir plus vite), nous ne voyions une de ces conflagrations générales de toute l'Europe, grâce aux armements formidables qu'on crée partout, qui nous y pousseront fatalement et où s'engloutiront, soyons-en bien convaincus, les derniers vestiges de la civilisation et de la liberté.

— Cette perspective n'est pas des plus réjouissantes.

— Aussi, je m'arrête, et je reviens à une situation plus actuelle et qui a bien son importance : la guerre entre la France et l'Allemagne. En ma qualité de Belge, je n'y ai aucun intérêt direct, mais je serais bien aise de connaître les motifs qui l'ont provoquée. Serait-ce commettre une indiscrétion en vous priant de me dire votre pensée à cet égard ?

— Nullement, et je le fais d'autant plus volontiers que, me trouvant ici sur un territoire neutre des plus hospitaliers, je pourrai parler plus franchement :

Selon l'opinion de beaucoup de gens, la France, ou plutôt Napoléon III, a conçu l'idée de cette guerre à propos du projet de mariage d'un prince allemand avec une infante d'Espagne. Selon d'autres, c'est le froissement qu'il aurait ressenti de la guerre faite par la Prusse et l'Autriche aux duchés du Sleschwigh-Holstein. Quant à mon opinion personnelle, puisque vous me faites l'honneur de me la demander, elle ne s'arrête pas là : je crois fermement, d'après certains renseignements, que je tiens de bonne source, que, froissée au dernier point des faits de religion que notre chancelier a suscités au Pape, sa Majesté l'Impératrice Eugénie aura usé de toute son influence sur l'esprit de son mari pour le décider à jeter son épée dans la balance en faveur du Saint-Père ; ou bien que Napoléon III, mal entouré et s'inspirant des besoins de sa politique (et je devrais peut-être ajouter de sa situation personnelle), s'est servi de *tous les prétextes*, résolu qu'il était de punir la Prusse de sa victoire de *Sadowa*, et ne doutant pas — d'après l'avis de ses conseillers — qu'il n'aurait qu'à se montrer à la tête de son armée (à laquelle, d'après le dire du maréchal Lebœuf — aucun bouton de guêtre ne manquait) pour foudroyer l'Allemagne. Quoi qu'il en soit, la guerre fut déclarée. Ce n'est donc que contrainte et forcée que l'Allemagne a pris les armes pour défendre la patrie contre une agression de tous points injustifiable. Ai-je besoin d'ajouter que l'effondrement de l'Empire Français est le fruit d'une effroyable collision, d'autant plus regrettable que les deux peuples avaient, de part et d'autre, le plus grand intérêt de vivre en paix.

— Combien êtes-vous entrés en France?

— Cinq cent mille hommes à peine.

— La France n'était pas si riche en soldats.

— Je ne le conteste pas. Mais la France était chez elle, et si, comme cela était à craindre pour l'armée allemande, la nation française se fut soulevée en masse, croyez-vous, Monsieur, que l'armée allemande eût été assez nombreuse pour y faire face et en venir à bout? Je ne parle pas des premières batailles, très meurtrières de part et d'autre, qui ont eu lieu dès le début de la campagne et dans lesquelles l'armée allemande avait en artillerie et en soldats une force triple et même quadruple à opposer à celle de la France. Aussi, le résultat de ces premiers combats ne pouvait être douteux. Je ne parle pas non plus du désastre de Sedan, où l'Empereur et une grande partie de son armée furent faits prisonniers. C'était une conséquence des premières défaites. Jusque-là, l'armée allemande avait pu agir par masses compactes et rien n'avait pu lui résister. Mais j'arrive à une phase de la guerre bien autrement redoutable pour l'armée allemande : en pénétrant au cœur de la France en vue de l'investissement de la Capitale, cette armée, déjà notablement affaiblie, dut se disséminer sur une immense étendue ; et c'est à partir de ce moment que ses forces, si considérables qu'elles fussent encore, n'auraient sans doute pu opposer de résistance efficace aux corps d'armées des généraux Chanzy, d'Aurelles de Paladines, de Faidherbe, de Bourbaki et de bien d'autres qui auraient pu surgir, si un coup inespéré de la fortune ne fut venu au secours de l'armée allemande. Ce coup de fortune, vous vous en êtes douté déjà, je suppose?

— D'aucune façon.

— Paris n'a-t-il pas créé et fait emploi pour sa défense d'une légion de ballons et de pigeons?

— J'en ai entendu parler... mais très vaguement. Je n'avais — faut-il vous l'avouer — qu'une seule pensée dans la tête : me mettre à la queue formée devant le boulanger et le boucher du quartier pour obtenir quelques onces de n'importe quoi qu'on disait être du pain et un lopin de cheval ou de mulet qu'on payait au poids de l'or. Quant aux chats et aux chiens, il n'y en avait que pour les malades, et j'ajoute — pour ne rien omettre dans l'énumération du régime alimentaire de la capitale assiégée — des rats et des souris en brochettes que pour les gourmets dont la fortune permettait d'avoir ces plats de luxe sur leur table. Voilà tout ce que je connais du Siège de Paris (1).

— Puisqu'il en est ainsi, je vais vous faire connaître ce coup de for-

tune pour l'armée allemande, et vous allez pouvoir juger par vous-même de l'importance des services que les ballons et les pigeons lui ont rendus.

Vous n'ignorez pas que dans les premières années de la première République française (vers 1793), un célèbre savant français, M. Guyton de Morveau, a proposé la création d'une compagnie d'aérostiers, laquelle eut pour mission de s'élever à une certaine hauteur d'où elle pouvait observer le nombre, la position et les mouvements des prussiens, des autrichiens et des anglais coalisés que la République avait à combattre. C'est à la bataille de Fleurus que le premier essai a été fait de cette nouvelle machine de guerre, et c'est aux **notes** qui ont été transmises au général Jourdan que celui-ci a dû le gain de cette mémorable bataille ; tandis qu'il est reconnu par l'histoire que sans le secours de ces notes Il eût été battu à plate couture avec toute son armée. Ce qui est non moins certain, c'est que le gain de cette bataille a décidé du sort de la République. Car — comme cela arrive toujours — le succès appelle le succès ; et l'élan étant donné, *le triomphe de cette seule journée* **a soulevé la France entière.**

Maintenant, vous devez comprendre l'émotion indescriptible dont l'armée allemande fut saisie à l'apparition du premier ballon qui passa sur sa tête, vers la fin de septembre ou au commencement d'octobre, car je ne me rappelle pas la date exacte. Ce ballon venait évidemment de la capitale assiégée et avait, sans doute, la mission de constater le nombre, la position et les mouvements des troupes allemandes. Tous les yeux étaient fixés sur l'aérostat, et dans l'esprit de personne il ne put rester l'ombre d'un doute que les hommes qui étaient dans la nacelle n'eussent acquis la preuve du nombre restreint de forces que l'armée assiégeante aurait pu opposer *en tel ou tel endroit*, à une attaque d'un corps d'armée français. D'autres ballons succédant au premier, furent aperçus successivement sur d'autres points et y produisirent les mêmes émotions. Aussi, l'inquiétude, je dirai plus, l'anxiété étant devenue en quelque sorte contagieuse, allait grandissant; car plus d'un soldat (dont quelques-uns très instruits en tout ce qui touche à l'armée de la France) n'avait perdu la mémoire de cette célèbre bataille de Fleurus, où les ballons avaient occasionné la défaite des armées coalisées, bien plus nombreuses et plus aguerries que celles de la République française.

L'armée allemande n'ignorait pas, d'ailleurs, *que l'on s'armait de toutes parts et que le gouvernement de Tours était résolu* à **combattre à outrance.** Aussi, les nouvelles qui lui parvinrent — je ne dirai pas, jour par jour, mais d'heure en heure — devinrent de plus en plus alarmantes.

On savait enfin que Gambetta, cet homme si éloquent, si populaire, si plein de conviction, d'ardeur et d'amour patriotiques, remuait **ciel et terre**, et que bien certainement sa merveilleuse audace, de même que sa voix fascinatrice devaient parvenir à soulever les masses populaires de toute la France, comme le fit *jadis* celle de *Pierre l'Ermite* pour entraîner aux croisades la foule innombrable qu'il avait électrisée par la conviction et l'ardeur de sa foi.

Que fallait-il pour cela?

Bien peu de choses : *gagner une bataille,* **une seule bataille.**

Et, grâce aux **notes** que les aérostiers allaient pouvoir lui transmettre sur le nombre, la position et les mouvements des troupes allemandes *éparpillées et disséminées en tels et tels endroits*, **ces notes devaient indubitablement lui en fournir le moyen.**

Cette perspective, vous devez le comprendre, n'était pas de nature à calmer l'inquiétude des soldats allemands. J'adoucis le mot ; car je devrais — pour dire toute la vérité — me servir d'une autre expression bien autrement significative. Bref, c'est au moment où le signal de la **retraite** allait peut-être se faire entendre, qu'un pigeon fut capturé dans nos lignes et qu'une dépêche, attachée à son aile, fit connaître l'endroit où devait avoir lieu une sérieuse attaque d'un corps d'armée français. On prétend même que le moyen de déchiffrer les dépêches cryptographiques a été payé d'une façon très libérale, car tout se vend et devient matière à spéculation en temps de guerre. Quoi qu'il en soit, cette dépêche, qu'on a pu déchiffrer parfaitement, était destinée au gouvernement de Paris, afin qu'il pût agir en conséquence, ne fut-ce qu'en opérant une diversion, et les assiégeants, qui l'ont connue avant lui, ne se sont pas fait faute d'en profiter. On a donc concentré sur le point menacé toutes les forces jugées nécessaires, et le jour de l'attaque, le corps d'armée français qui comptait surprendre les Allemands fut lui-même surpris et décimé. D'autres attaques du même genre ont eu lieu sur d'autres points ; mais, grâce aux pigeons capturés ou abattus par d'habiles chasseurs, qui les pourchassaient sans relâche, le résultat a été partout le même, puisque la victoire la plus complète est restée à l'armée allemande, malgré la bravoure des soldats français et des chefs qui les commandaient. Enfin, à cette dernière bataille de Buzenval... (1)

J'avais donc raison, mille fois raison, en vous disant qu'un coup de fortune, bien imprévu, est venu au secours de l'armée allemande ; car, contrairement à ce qui s'est passé à la bataille de Fleurus, ce sont les ballons et les pigeons qui sont devenus, pour elle, les auxiliaires les plus précieux, puisqu'ils ont contribué d'une manière si efficace et si décisive au triomphe final de l'armée allemande.

— Je vous remercie, Monsieur, d'avoir eu l'obligeance de me mettre au courant de faits aussi intéressants, et soyez persuadé que la France (où les ballons et les pigeons sont devenus si populaires) est à mille lieues de s'en douter.

---

(1) Ce tableau du Siège de Paris, si réel au fond, *mais si inexact en ce qui me concerne*, me sera pardonné, je l'espère, par la raison qu'en ma qualité de **neutre**, je devais — autant par *décorum* que pour justifier cette qualité, me montrer logique et conséquent vis-à-vis de mon hôte.

---

(1) Je passe sous silence cette dernière révélation, de nature tellement grave, que je ne veux pas m'en faire l'écho.

RÉSUMÉ

Les ballons et les pigeons ont été funestes pour la France!

Cela n'est, malheureusement, que trop évident! Et d'autant plus déplorable que leur **utile emploi** (d'après tout ce qu'on vient d'apprendre de la bouche d'un homme s'exprimant — comme il le dit — avec autant de franchise que de sincérité) *aurait permis au gouvernement de Tours de gagner* **indubitablement** *une de ces batailles de Fleurus qui aurait fait accourir* — **comme en 1793** — *de tous les points du territoire, et d'une extrémité à l'autre,* **assez de combattants pour faire changer la face des choses et sauver la France !!**...

S'il n'en a pas été ainsi, à qui faut-il en attribuer la faute?

Serait-ce aux pigeons?

Cette idée ne viendra dans l'esprit de personne jouissant d'un peu de bon sens.

Serait-ce aux aéronautes?

Une telle pensée serait le comble de la déraison et de l'absurdité. Ces hommes intrépides qui, dans cet état d'effarement et d'anxiété extrêmes, ont si courageusement exposé leur vie et donné une preuve si éclatante de leur patriotisme, n'ont pu commettre une telle faute.

Les aéronautes et les pigeons n'ont été que les *instruments* de ceux qui s'en sont servi et qui ne peuvent être que des **ineptes**... *s'ils sont innocents*, ou des hommes qui mériteraient **une qualification plus sévère**... *s'ils ne le sont pas.*

Je mentionne purement et simplement les faits dégagés de toute espèce de personnalités, et ne songeant à contester ni la délicatesse, ni les sentiments patriotiques de qui que ce soit; mon rôle se bornant à faire connaître, d'une manière *sincère, impartiale,* **les détails inconnus du Siège de Paris** (1).

Si la France, qui a le *droit* de connaître comment cette application désastreuse a pu se produire, veut savoir à quoi s'en tenir; si elle désire enfin *que la lumière se fasse claire et nette,* elle n'a tout simplement qu'à ordonner **une enquête** qui établira, tout d'abord, *le nombre de pigeons qui ont été pris aux colombiers de Paris, puis transportés en ballon en dehors des lignes d'investissement et chargés de dépêches pour le gouvernement de Paris; et comparant ensuite ce nombre avec celui des pigeons qui sont arrivés à destination.* Cette première question à résoudre ne présente aucune difficulté pratique, l'énumération devant se trouver toute faite dans les archives du gouvernement. On pourra donc constater *avec certitude* la quantité de pigeons qui se sont égarés en route dans leur vol sur Paris, passant au-dessus des lignes ennemies, et qui ont pu être capturés ou abattus par d'habiles chasseurs qui n'ont cessé, un seul instant, de leur faire la chasse.

La seconde question de l'enquête n'offrira pas plus de difficulté ni de complication que la première; elle consistera, tout uniment, à rechercher *le nom de ceux qui ont ordonné ces expéditions devenues si funestes pour la France,* et **la lumière sera faite.**

Quoi qu'il en soit, je n'ai, quant à moi, qu'un parti à prendre que tout le monde comprendra :

Comme **au 18 septembre 1870**, ni avant cette époque, l'idée de l'application des aérostats au transport des dépêches par pigeons (en cas de siège et d'investissement d'une ville ou d'une forteresse), n'était encore venue à personne et qu'aucun fait de cette nature n'avait été constaté dans aucun pays du monde (2).

Je proteste de toutes mes forces et devant toute la France contre l'application désastreuse des aérostats au transport des dépêches par pigeons pendant le Siège de Paris, protestation d'autant plus légitime que les pigeons étaient destinés à devenir les **instruments LES PLUS UTILES** : « cette invention étant de nature à donner de bons « résultats, et dont l'importance pour la guerre dépendait de la rapidité « de son exécution. » (Mots textuels extraits de la lettre de M. le Ministre des travaux publics, en date du 19 décembre 1870, voir page 8).

Cette invention que, par un sentiment d'humanité, je n'ai pas voulu faire breveter, appartient au monde entier. Toutes les villes ou forteresses assiégées pourront donc s'en servir avec d'autant plus d'avantage et de sécurité *qu'il n'en sera fait emploi qu'avec la plus grande réserve et conformément aux recommandations les plus formelles que j'ai faites à ce sujet* (voir page 2), c'est-à-dire comme d'une **ressource supplémentaire**, *et de manière qu'aucun pigeon ne soit exposé à tomber entre les mains des assiégeants.*

---

(1) L'histoire nous apprend que, depuis toute antiquité, et dans toute ville assiégée les **capitulards** sont infiniment plus nombreux qu'on se l'imagine, et qu'il est d'autant plus difficile à reconnaître et à distinguer des véritables patriotes qu'ils n'ont généralement que les mots : **marchons, combattons**, à la bouche; tandis que, dans leur for intérieur, dans leur âme antipatriotique, ils ne poursuivent et ne caressent qu'une idée: **la capitulation**, si dure qu'elle puisse être, sachant très bien que les impôts et les charges quelconques qui en résulteront les atteindront à peine, et ne seront écrasants que pour les petites bourses, c'est-à-dire pour les masses populaires, puisque ce sont ces dernières qui payent — sous forme de contributions directes et surtout *indirectes* — **les trois quarts du budget public.**

(2) La note suivante, relative à l'invention dont il s'agit (et que j'ai trouvée dans un recueil scientifique portant la date du mois de juin 1872), en a fait publiquement connaître l'auteur; et comme aucune réclamation ou protestation n'y a été faite, elle donne — pour autant que de besoin — une preuve de plus de ma *paternité.*

Cette note est conçue comme suit :

« L'application des aérostats au transport des dépêches par pigeons est devenue « très populaire. Avant le 18 *septembre* 1870 (premier jour du siège), personne n'avait « encore eu l'idée de cette nouvelle application, laquelle surgissant au moment de l'in- « vestissement de la capitale, centuple son importance par son opportunité. Nous « signalons de ce chef **M.** le docteur Van Hecke à notre comité des récompenses. »

« (Signé) AYMAR BRESSION,

« Directeur de l'Académie nationale. »

C'est ce qui, malheureusement, n'a pas été fait pendant le Siège de Paris, et la France sait aujourd'hui ce qui en est résulté !!!

Ces lignes venaient d'être écrites lorsque nous parvint la lettre suivante :

Paris, 22 juin 1872.

Ministère de l'Intérieur.

Dommages résultant des opérations
d'attaque dirigées par l'armée française
pour rentrer dans Paris.

M. Van Hecke est invité à se présenter chez M. Chéviron, architecte, demeurant à Paris, rue Richelieu, 92, le mardi 25 juin, de 10 heures à midi.

Faute par lui de produire dans le délai de 4 jours les justifications qui lui seront demandées, ses pertes seront évaluées d'après les documents que possède l'administration.

Le secrétaire de la Commission

(Signé) CHÉVIRON.

À M. Van Hecke, rue Saint-Denis, 263, à Courbevoie.

À l'heure indiquée, je me trouve chez M. Chéviron et je lui explique qu'étant **breveté** en France pour *plusieurs inventions* et faisant, *depuis vingt ans*, des travaux importants pour de grandes administrations, telles que les ministères de l'ex-empereur, de l'intérieur et de la marine, les hôpitaux de Paris, ceux de divers départements et des établissements, tels que des prisons civiles et militaires, des écoles, des théâtres, etc., il ne devait pas être étonné que dans le procès-verbal de constat *du 6 juin 1871*, il y eût question de marchandises, de modèles, d'appareils confectionnés, d'outillages, de plans, de dessins, de matériel industriel, relatif à mon industrie; de même que de livres, de collections et d'études diverses dans ma bibliothèque, de vins dans ma cave et de meubles dans ma maison.

À quoi M. Chéviron a répondu :

— Je ne *dis* pas le contraire, mais *l'administration demande des pièces justificatives et n'admet pas de présomptions.*

— Avant la guerre, Monsieur, j'aurais pu vous donner toutes ces justifications par mes livres, mais comme toute ma maison a été pillée et saccagée de fond en comble (ainsi que tout le monde a pu le voir et la Presse le constater), vous me demandez non seulement l'impossible (mes livres de comptabilité étant perdus comme tout le reste), mais vous oubliez que le gouvernement est d'autant plus responsable du désastre dont j'ai été victime, qu'il l'a **froidement résolu** *dans l'intérêt de la Défense.*

Je ne puis donc que vous **confirmer** dans toute sa teneur *la juste réclamation du 6 juin 1871,* **que je déclare sincère et véritable.**

Ce n'est pas tout :

Le gouvernement me doit réparation d'un *autre* **préjudice** que ce désastre m'a occasionné, en me mettant dans l'impossibilité de profiter de mes *deux nouvelles inventions* **brevetées** *en France et en Angleterre*, en **1868 et 1869**, et dont près de 100 *applications faites en France et en Belgique*, avaient déterminé des capitalistes français à former une **association définitive, le 22 juillet 1870**; ces capitalistes s'engageant à fournir, à eux seuls, le capital social; tandis que j'y restais intéressé non seulement pour **plus de moitié dans les bénéfices des opérations sociales**, mais comme *constructeur* des appareils et *directeur des travaux,* position qui devait m'assurer, en peu d'années, **une fortune considérable.**

Or, **par le fait de ce désastre**, *qui me ruinait complètement,* **tous ces avantages ont été perdus pour moi.** Il en résulte *que le gouvernement me doit indemnité du préjudice qu'il m'a causé,* préjudice à évaluer par experts et d'autant plus facile à *justifier* que j'ai entre mes mains **les titres indiscutables qui en font foi.**

— Je n'ai pas connaissance de cette affaire.

— J'en parle aujourd'hui pour la première fois, cela est vrai; et je n'en aurais même pas parlé du tout, si le gouvernement m'eut remis, par provision et à valoir en compte, *le secours immédiat que je lui ai demandé et qui m'aurait permis de continuer mes affaires.* Mais il est resté sourd à mes prières. **Voilà pourquoi j'ai définitivement tout perdu et que j'en demande la réparation.** Et, puisque vous voulez les pièces qui *justifient* des pertes, je suis prêt à vous les communiquer à l'instant même, car je les ai apportées sur moi.

— *C'est inutile. Ce que vous venez de m'expliquer me suffit pour faire mon rapport.*

Après avoir quitté M. Chéviron, je me suis dit :

M. le secrétaire de la Commission me demande des pièces justificatives que je ne puis plus lui donner (mes livres ayant disparus dans le désastre), et il refuse de prendre connaissance de celles que je possède; cette position est trop intolérable pour pouvoir se prolonger! Je vais m'adresser directement à la Chambre des députés, espérant qu'elle daignera accueillir avec bienveillance mon humble requête et faire droit à mes justes réclamations.

FIN.

Post-Scriptum. — Je venais de recopier ce manuscrit, et je me disposais à le porter à l'imprimerie, lorsque je reçus la visite de M. le Directeur de l'Académie nationale, qui me communiqua la lettre suivante:

INCIDENT FINAL

<table><tr><td>Présidence
de la République.</td><td>République française,
Versailles, 30 juillet, 1872</td></tr></table>

Mon cher collègue,

J'ai placé sous les yeux de M. le Président de la République votre lettre relative à M. le docteur Van Hecke.

Cette demande a été transmise, avec un mot de moi, à M. le Ministre des Affaires étrangères.

Recevez, mon cher collègue, mes salutations cordiales.

(Signé) B. SAINT-HILAIRE.

A M. le marquis d'Andelarre, député.

— Vous voyez, Monsieur le docteur, qu'on s'occupe de vous. J'y ai sans doute un peu contribué en faisant connaître à M. le marquis d'Andelarre ce que vous avez fait pendant le Siège de Paris, puisqu'il s'est déterminé aussitôt d'écrire à M. Thiers, Président de la République, et de lui demander une distinction honorifique pour votre dévouement exceptionnel à la France.

Cette demande, ainsi que la présente lettre vous le prouve, a été transmise à M. le Ministre des Affaires étrangères, l'affaire le concernant puisque vous êtes étranger. J'ai eu l'honneur de voir moi-même M. le comte de Rémusat, et dans cette audience, qui n'a pas duré moins de trois quarts d'heure, j'ai pu lui faire connaître d'une manière succincte votre double épisode du Siège de Paris et de la guerre civile qui vous a été si fatale. M. le Ministre, qui a bien voulu écouter tous ces renseignements avec beaucoup d'attention, m'a chargé de vous inviter, de sa part, à vous rendre demain, vers 10 heures, à son cabinet, en vous recommandant de vous munir de tous les documents et titres que vous avez en vos mains et qui sont relatifs aux faits dont vous aurez à l'entretenir. Comme demain il n'y a pas d'audience publique, vous n'avez qu'à décliner votre nom pour être introduit auprès de monsieur le Ministre.

Le jour suivant, je me rendis au Ministère des Affaires étrangères, où je fus reçu de suite par M. le comte de Rémusat, qui me dit :

— Monsieur, j'ai pris connaissance des pièces qui vous concernent et qui me sont parvenues par ordre de monsieur Thiers, Président de la République française. Avant de prendre une décision, je désire connaître par vous-même en quoi consistent les services que vous avez rendus à la France pendant le Siège de Paris.

— Monsieur le Ministre, un exposé verbal serait peut-être un peu long et, je le crains du moins, aussi fatigant pour vous qu'embarrassant pour moi. Comme j'ai été prévenu de vos intentions, j'ai apporté le manuscrit d'un opuscule que je viens d'écrire et que je me propose de publier. Voulez-vous que je vous remette ce manuscrit, où sont mentionnés, par ordre de date, tous les faits avec les documents officiels à l'appui.

— Parfaitement, vous reviendrez me voir dans huit jours à dix heures. Pendant cet intervalle, quoique surchargé de besogne, j'aurai soin de lire tout cela.

L'audience était terminée.

Huit jours après je revis M. de Rémusat, et j'eus avec lui une conférence que je reproduis in extenso.

— J'ai lu avec la plus grande attention tout ce que contient ce manuscrit, et cette attention est allée en augmentant à chaque page ; de sorte qu'il acquiert, vers la fin, une telle gravité, que j'éprouve, tout d'abord, le besoin de vous en témoigner mon étonnement.

— Contestez-vous, Monsieur le Ministre, la sincérité des faits que j'allègue, et croyez-vous que les conclusions auxquelles j'arrive soient mal fondées et de nature à léser les intérêts de la France ?

— Je ne conteste rien, et c'est précisément pour cela que mon étonnement s'explique et que la gravité des faits s'accentue davantage.

— Dois-je considérer ces paroles comme une expression de blâme ou de disgrâce, Monsieur le Ministre.

— Ce serait vous tromper étrangement. Abstraction faite d'une question d'opportunité sur laquelle nous nous expliquerons tantôt, je n'hésite pas à vous dire que, dans ma conviction, vous méritez à plus d'un titre la distinction honorifique que M. le marquis d'Andelarre a sollicitée en votre faveur. Et maintenant que je vous ai fait connaître mon opinion sur ce point, je n'hésite pas non plus à vous dire que le moment opportun de la réaliser n'est pas venu, et en voici la raison : le public ignore non seulement les services que vous avez rendus, mais vous n'êtes pas même parti avec votre équipage aéronautique.

— Cela est vrai, Monsieur le Ministre ; mais, puisque vous avez pris connaissance de tout ce qui s'est passé, vous devez savoir que ce n'est pas *par ma faute* que ce départ n'a pas eu lieu *dès le début du Siège,*

puisque c'est le 18 *septembre* 1870 (premier jour de l'investissement de Paris) que j'ai fait au comité d'initiative de la Défense mes offres de service ; vous devez savoir aussi qu'ayant été conduit de Ponce à Pilate, c'est-à-dire de Charybde en Scylla, on m'a fait perdre près de *quatre mois,* et que j'aurais perdu bien plus de temps encore si M. le Ministre des travaux publics n'eût passé par-dessus la tête du Comité d'initiative et de la Commission d'étude des moyens de Défense pour ordonner *l'exécution immédiate de mon projet de Défense, qu'il reconnaissait être :* « **de nature à donner de bons résultats, et dont l'importance pour la guerre dépendait de la rapidité de son exécution.** » Vous avez, Monsieur le Ministre, entre vos mains la preuve des faits que j'avance, puisque les documents officiels qui les constatent se trouvent annexés au manuscrit.

— J'en conviens, mais le public l'ignore. Si donc cet arrêté vous concernant parait à l'*Officiel* — pour services exceptionnels rendus au Siège de Paris — personne ne comprendra, et j'aurai, comme on dit en langage moderne, toute la Presse sur le dos. Sans doute, il y aurait bien moyen qu'il en fût autrement, mais pour cela il faudrait lui faire connaître tout ce dont moi-même je viens de prendre connaissance, en un mot, publier cet opuscule ; or, c'est précisément à quoi je m'oppose formellement, car je comprends trop bien ce qui en pourrait résulter. Veuillez écouter avec attention ce que je vais vous dire, et vous comprendrez non seulement le bien fondé de mes appréhensions, mais la raison qui s'impose et domine toute la situation :

Quand une famille a le malheur de perdre un de ses membres qui lui est cher, elle se résigne et se console surtout par la conscience qu'elle a d'avoir employé et mis en pratique tous les moyens possibles pour obtenir sa guérison. Mais si cette perte résulte d'un attentat contre sa vie, toute la famille se soulève d'indignation et court réclamer l'action de la justice et de la vindicte publique. Cela ne manque jamais.

Hé bien ! il en est d'une nation comme d'une famille : convaincue qu'elle est que, pendant le Siège de Paris, tous les moyens possibles ont été employés et mis en pratique pour la sauver ou lui venir en aide, la France aussi se résignera et se consolera. Mais croyez-vous, Monsieur, qu'il en serait de même si elle venait a savoir, si on lui prouvait qu'il n'en a pas été ainsi ? Ne verrait-on pas éclater sur tous les points, et d'une extrémité de la France à l'autre, ce cri d'indignation dont je parlais tout à l'heure et qui serait bien autrement formidable que lorsqu'il s'agit d'un événement individuel ? Croyez-vous, enfin, que les conséquences qui pourraient en résulter n'exposeraient pas le pays tout entier — au double point de vue du maintien de l'ordre et de la sécurité publique — aux dangers les plus sérieux ?

— Vos appréhensions ne sont que trop justes, Monsieur le Ministre. Non seulement il ne faut pas que cet arrêté paraisse à l'officiel, mais je suis prêt et je vous offre d'anéantir, sous vos yeux et à l'instant même, ce manuscrit avec tous les documents qui s'y trouvent annexés.

— Cette pensée, dont je vous sais infiniment gré, m'était déjà venue, et j'allais vous en parler. Mais en présence des propositions si spontanées que vous venez de me faire, et qui prouvent, une fois de plus, et votre désintéressement et votre dévouement à la France, je change d'idée et je n'accepte pas vos offres. Voici la détermination à laquelle j'estime que je doive m'arrêter :

— Quoi que vous décidiez, Monsieur le Ministre, j'y donne, par avance, mon acquiescement le plus complet.

— Je vais m'expliquer en peu de mots : Nos malheurs sont tout récents ; les blessures, encore saignantes, mettront beaucoup de temps à se cicatriser. Mais il faut espérer que, dans une dizaine d'années, la France aura repris, sinon toutes ses forces, du moins son calme et son assiette normale. Je voudrais donc que vous preniez l'engagement d'honneur de garder, pendant dix ans (à partir de l'année prochaine), le plus absolu silence. Etant bien entendu qu'après l'expiration de ce laps de temps, vous serez complètement dégagé de votre promesse, et, par conséquent, entièrement libre de publier ce manuscrit. Etes-vous disposé à me donner ce nouveau témoignage de dévouement à la France ?

— Mon acquiescement verbal a été donné, par avance, à tout ce que vous décideriez, et je suis tout prêt à vous le donner par écrit.

— C'est inutile. Votre parole me suffit.

— Vous pouvez y compter, Monsieur le Ministre.

— J'en suis persuadé. (Après s'être levé.) Voici votre manuscrit, avec tous les documents annexés, qui vous appartiennent, et dont vous devez naturellement rester nanti.

FIN DE L'INCIDENT

20 août 1872.

DIX ANS APRÈS

Le 20 *août* 1882, j'écris la lettre suivante :

> A Monsieur Gambetta, député, ex-membre de la Délégation de Tours, Ministre de la guerre.

Monsieur le député,

J'ai l'honneur de vous faire parvenir confidentiellement la première page d'un manuscrit qui n'a été communiqué (en 1872) qu'à M. le comte de Rémusat, ministre des affaires étrangères, lequel m'a fait prendre l'engagement de garder, *pendant dix ans*, le plus absolu silence.

J'ai respecté cet engagement, qui ne m'a plus permis de vous faire connaître l'objet sur lequel j'avais, dès cette époque, l'intention de vous consulter.

Aujourd'hui, ces dix ans étant écoulés, mon premier soin est de vous communiquer — avant sa publication — la première page des **détails inconnus du siège de Paris.**

Si vous voulez prendre la peine de lire le manuscrit jusqu'au bout, j'ai la conviction que vous ne regretterez pas le temps que vous y aurez consacré. J'ai mes raisons pour cela, et mon premier but se trouvera atteint. Mon second but, c'est d'obtenir de vous, *le plus prochainement possible*, quelques moments d'entretien particulier, si toutefois vous daignez me faire cet honneur.

Veuillez agréer, Monsieur le Député, l'assurance de mon profond respect.

(Signé) Le docteur VAN HECKE.

La réponse ne se fit pas attendre :

Paris, le 22 août 1882.

Monsieur le docteur Van Hecke, 7, boulevard Péreire.

M. Gambetta me charge de vous informer qu'il vous recevra après demain, jeudi, 1 heure, rue Saint-Didier, n° 57.

Agréez, Monsieur, mes sincères salutations.

(Signé) EUG. ÉTIENNE.

Le 24 août, à une heure précise, j'arrive au rendez-vous. A peine entré au salon, M. Gambetta vint m'y rejoindre et, après m'avoir serré la main, me dit :

— Soyez le bienvenu. Votre lettre et la page qui y était jointe m'ayant très vivement impressionné, j'attendais votre visite avec impatience. (Regardant le rouleau de papier que je tenais entre mes mains.) Est-ce là le manuscrit dont vous me permettez de prendre connaissance ?

— Non-seulement je vous le permets, mais je vous en prie.

— Voulez-vous que j'en prenne immédiatement lecture ?

— Je m'en trouverai fort honoré. Le voici. Quant au reste du rouleau, ce sont les documents officiels et pièces justificatives dont le texte est, en tous points, conforme à celui figurant dans le manuscrit. Je les tiens à votre disposition.

— Je vous propose de lire le manuscrit jusqu'au bout, sans m'arrêter, et sans faire la moindre observation ; cela vous convient-il ?

— De toutes façons.

M. Gambetta ayant pris le manuscrit, le lut d'un bout à l'autre, en me remettant les feuilles, l'une après l'autre, dès que la lecture en avait été faite. Arrivé à la fin, il me dit :

— Ce manuscrit est des plus intéressants et je vous remercie d'avoir bien voulu me le communiquer. Maintenant, si vous le voulez bien, nous allons aborder les choses plus en détail, et les examiner, les unes après les autres.

Je crois devoir passer sous silence la discussion que nous avons eue sur chacune des parties dont se compose le manuscrit. Je me bornerai à relever les deux points au sujet desquels nous n'avons pu nous mettre d'accord. Ces deux points, M. Gambetta va nous les faire connaître :

— Ce que je voudrais voir disparaître de ce manuscrit, c'est la sortie virulente que vous faites contre les *armements* qui se font en France comme partout ailleurs, et qui, d'après vous, doivent inévitablement aboutir à la conflagration de toute l'Europe, etc.

— Permettez-moi de vous faire remarquer que ce n'est là qu'une opinion personnelle et que je ne conteste à personne le droit de soutenir la thèse contraire.

— Je n'y manquerai pas ; et c'est pour pouvoir m'en dispenser que je vous en demande la suppression.

— Je regrette de ne pas pouvoir y consentir. Ce que j'exprime dans ce passage, relatif aux *armements*, etc. — laissez-moi vous en faire l'aveu — ce sont les aspirations les plus ardentes de toute ma vie, et nulle puissance humaine ne saurait me faire changer d'opinion à cet égard. Cela vous étonne, sans doute, de me voir si résolu ? Mais si, à mon tour, je venais vous prier de me faire le sacrifice de vos aspirations politiques et de votre dévouement à la France, je ne vous ferai pas l'injure de supposer un seul instant que vous n'y répondiez aussi résolument et de la même manière que je viens de le faire moi-même.

— Je comprends cet argument, et je n'insiste pas. J'arrive à une deuxième question : En parlant de la Délégation de Tours, vous eussiez dû m'épargner ces coups d'encensoir qui sont, à mon avis, d'autant plus immérités que je n'ai malheureusement pu aboutir à rien. Que vous disiez qu'il n'a pas dépendu de moi de gagner une de ces batailles pouvant changer la face des choses ; je l'eus compris, puisque c'est la vérité. Mais, dans ce cas même, je n'eusse fait que mon devoir, rien que mon devoir.

— Qu'il me soit permis de vous faire observer que c'est un officier allemand, un homme que vous combattez, qui parle de vous dans les termes que vous venez de lire, et que, dès lors, vous ne devez pas vous imaginer qu'il l'ait fait pour vous encenser : les Allemands ne sauraient être suspectés de vous aimer à ce point. Quant à vouloir me soutenir que, dans la mission que vous avez remplie pendant le Siège de Paris, vous n'avez fait que votre devoir, rien que votre devoir, je n'hésite pas à vous dire : — dussiez-vous en être froissé également — *que si vous n'avez pu vaincre l'ennemi, vous avez du moins sauvé la dignité et l'honneur de la France !* Et comme toutes les observations que vous pourriez ajouter ne sauraient me faire changer d'opinion sur ce point, nous pouvons considérer cette discussion forclose, et il ne me reste qu'à vous remercier du bienveillant accueil que j'ai reçu de vous.

— J'ai une dernière demande à vous faire : Voulez-vous me confier ce manuscrit, afin que je puisse le relire à mon aise, et à tête reposée?

— Très volontiers. Voici tout le rouleau, en vous recommandant de ne le communiquer à personne.

— Je m'y engage. Vous reviendrez, s'il vous plaît, me voir dimanche prochain, à une heure ; nous pourrons causer encore un peu de tout cela, car j'aurai soin d'être entièrement libre.

— J'accepte avec infiniment de plaisir.

Le dimanche suivant, 27 août, j'arrive au rendez-vous quelques minutes en retard. Je trouve M. Gambetta, assis au milieu d'une quantité de feuilles éparpillées sur le bureau. Après lui avoir serré la main, je m'excuse de mon inexactitude.

— Vous êtes d'autant plus excusé que je n'ai pas perdu mon temps. J'ai compulsé la partie du rouleau contenant les documents officiels et pièces justificatives que vous avez mise à ma disposition, et j'y ai trouvé plusieurs **notes** *écrites de votre main.*

Dans la première vous dites :

« J'ai acquis la certitude que le *nombre de pigeons lancés en dehors* « des lignes d'investissement et chargés de dépêches pour le gouver- « nement de Paris se monte à **360**, *tandis que le nombre de ceux* « *qui sont arrivés à destination est insignifiant*. D'où il suit que « la quantité de pigeons qui se sont égarés en route dans leur vol « sur Paris et qui ont pu être capturés ou abattus par les assiégeants « est *tellement considérable*, que l'application désastreuse qui en a été « faite se trouve *surabondamment démontrée.*

« décembre 1872. »

Deuxième note :

« Si, à la bataille d'Orléans, le général Aurelles de Paladines avait « *résolument attaqué l'ennemi*, comme il en avait reçu l'ordre, *au lieu* « *de rester pendant huit jours dans l'inaction la plus complète*, « cette bataille eût été gagnée par la France et la déroute de l'ennemi « devait s'ensuivre.

« Il suffit de rappeler la lettre de M. de Moltke, commençant par ces « mots : « *Il peut être utile*, » (lettre qu'il écrivait au gouvernement de « Paris, à l'issue de cette bataille qu'il avait gagnée) pour acquérir la « preuve *que le sol français devenait trop brûlant pour l'armée* « *allemande, qui ne demandait qu'à traiter de la paix* **au plus vite.** « Cette lettre (pour qui sait lire entre les lignes), n'a pas d'autre « signification. »

Troisième note :

« Je tiens de bonne source que, le jour de la bataille de Buzenval, « l'ensemble des troupes allemandes formant le cordon de l'investisse- « ment ne s'élevait au plus qu'à 160,000 hommes ; et ces troupes « étant éparpillées et disséminées sur une étendue d'environ 120 kilo- « mètres, il en résulte que, sur l'espace d'un kilomètre, il ne pouvait y « avoir que 1,333 soldats, en moyenne ; tandis que M. le général « Trochu, se trouvant *au centre*, dans un camp retranché (par les « remparts de la ville), d'où il pouvait rayonner dans toutes les « directions et assurer sa retraite, ayant sous ses ordres, *au minimum*,

« 300,000 *hommes, prêts à marcher* **et à combattre à outrance.**
« *M. Trochu se croise les bras pendant quatre mois et s'obstine à ne*
« *pas faire une trouée pour tendre la main aux armées du dehors.*
« Une telle inaction ne se comprend pas, et je doute que la France
« ait à se féliciter d'avoir mis sa confiance dans un chef d'armée aussi
« habile et aussi **résolu** de lui venir en aide *par tous les moyens en*
« *son pouvoir.* »

Quatrième note :

« Dans une lettre intitulée : « **Deuxième projet de défense,** »
« j'ai fait observer qu'à la bataille de Buzenval, les concentrations de
« l'ennemi devaient avoir eu lieu sur une étendue *de 7 à 8 lieues,* et que
« ces déplacements avaient dû énormément fatiguer les hommes et les
« chevaux. J'avais donc raison de proposer *une série d'attaques et de*
« *retraites sur des points différents et toujours aussi éloignés que*
« *possible des attaques précédentes,* pour forcer l'ennemi de se
« *concentrer encore,* **et si souvent,** *que ces déplacements devaient*
« *l'épuiser autant et plus qu'une sanglante bataille.* »

— Pouvez-vous me dire pour quelle raison ces notes, que je trouve des plus importantes, n'aient pas été mentionnées dans votre manuscrit ?

— Cela m'était interdit, et voici pourquoi : Quand M. le comte de Rémusat m'a fait prendre, en août 1872, l'engagement de garder, pendant dix ans, le plus absolu silence, *ces notes n'existaient pas encore,* ainsi que leur date vous le prouve. Vous avez dû voir aussi qu'il avait été entendu que je ne publierais **CE MANUSCRIT** qu'après l'expiration du laps de temps convenu, c'est-à-dire en 1883. Si donc j'apportais à ce manuscrit des modifications, *il ne serait plus le même.* Tout au plus, ai-je cru pouvoir, sans manquer à ma promesse, vous communiquer, *après les dix ans révolus,* ces détails inconnus du Siège de Paris, en vous priant de n'en parler à personne, le moment de la publication n'étant pas encore arrivé.

— On ne saurait que vous approuver d'avoir si scrupuleusement respecté votre engagement.

Cinquième note :

« M. le baron de Beyens, ambassadeur de Belgique à Paris, était
« disposé, *en janvier 1873,* à faire *des instances officielles,* en vue
« *de réclamer une indemnité pour tous les dommages que j'ai subis.*
« Malheureusement, *à cette époque,* cette instance ne pouvait plus se
« faire, puisqu'elle aurait démontré que je ne tenais aucun compte de
« l'engagement qui m'obligeait de garder, pendant dix ans, le plus
« absolu silence.
« J'en ai horriblement souffert ; mais, par contre, je n'ai pas failli à
« mon serment, et cela m'a consolé... autant que j'ai pu l'être, dans
« cette situation perplexe où mon *honneur* et mon *devoir de père de*
« *famille* se trouvaient si cruellement engagés. »

— Dans la répartition des indemnités votées par les Chambres, quel est le montant de la somme qui vous a été allouée ?

— Je ne puis me rappeler le chiffre exact, mais je l'évalue approximativement à fr. 24,000, c'est-à-dire un peu plus que le **quart des** *dommages subis en valeurs mobilières et immobilières*... et **rien** *pour mes deux dernières inventions brevetées en France et en Angleterre,* lesquelles (ainsi que je viens de le prouver) ont été **anéanties** *par la destruction de ma propriété et la ruine qui en est résultée pour moi.*

— Etes-vous sûr de n'avoir reçu que la somme que vous m'indiquez?

— Absolument. Et ce n'est qu'en 1873 (lorsque le dernier mandat m'a été délivré) **que j'ai acquis la certitude qu'il n'a été fait droit à aucune de mes réclamations.**

M. Gambetta prit dans le rouleau, contenant les documents officiels : 1° Le procès-verbal de constat, détaillé et dressé (comme il est dit page 11); 2° les actes signés et enregistrés, constatant la réalité de l'association définitive du **22 juillet 1870** (dont il est fait mention page 13). Et, après en avoir fait une lecture attentive d'un bout à l'autre, il me dit :

— Le vote d'une allocation qui vous indemnise complètement ne saurait être douteux; et, dès que j'aurai entre mes mains un exemplaire de votre brochure, je me charge d'en prendre l'initiative pour en faire la proposition : Indépendamment de la garantie des Neutres, qui est incontestable au point de vue du Droit, votre dévouement à la France, la persistance que vous avez mise — depuis le premier jusqu'au dernier jour du siège — à lui venir en aide par tous les moyens imaginables, le désintéressement dont vous avez donné les preuves les plus avérées, doivent vous concilier la sympathie de tous les hommes qui aiment leur patrie, et, à plus forte raison, de tous les membres du Sénat et de la Chambre des députés.

Sixième note :

« M. Rogier, ambassadeur de Belgique à Paris (prédécesseur de M.
« le baron de Beyens), a transmis, en février 1847, au Gouvernement belge
« le rapport officiel de l'Institut de France, relatif au système de **loco-**
« **motion aérienne** du docteur Van Hecke, ce rapport lui étant entiè-
« rement favorable.
« Le Gouvernement belge a communiqué ledit rapport à la Chambre
« des représentants, puis au Sénat, et les deux Assemblées ont, par
« un vote unanime, ordonné le renvoi de ce document à M. le comte de
« Theux, Ministre de l'Intérieur, comme un témoignage de sympathie
« nationale pour l'inventeur. »

— Pourquoi, dans votre manuscrit, ne dites-vous pas un mot d'une manifestation, si honorable pour vous ?

— Parce qu'elle n'a aucun intérêt pour le public.

M. Gambetta (après s'être levé me dit :

— Je fais partie du public, et je vous avoue que je suis bien aise de savoir tout cela.

La conférence était terminée.

Septembre 1882.

FIN.

Paris. — Imp. PAUL DUPONT (Cl.) 197.3.83.

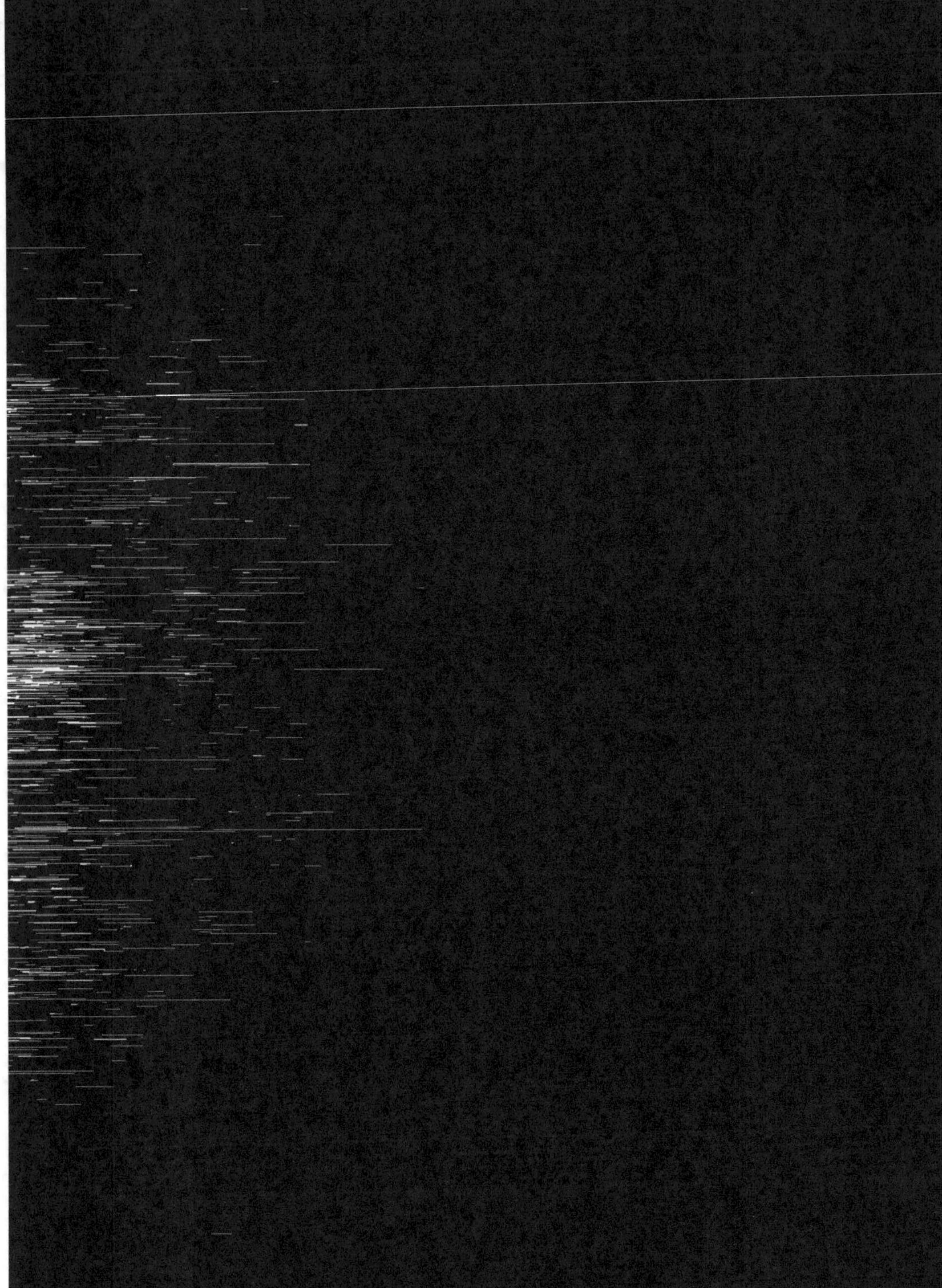

www.ingramcontent.com/pod-product-compliance
Lightning Source LLC
LaVergne TN
LVHW010208060726
842524LV00005B/2060